绿色、工程、文化与法治研究系列成果
山东建筑大学特色名校建设工程成果

数据安全治理研究

SHUJU ANQUAN ZHILI YANJIU

杨蕾 袁晓光 等/著

知识产权出版社
全国百佳图书出版单位

图书在版编目（CIP）数据

数据安全治理研究 / 杨蕾，袁晓光著 . —北京：知识产权出版社，2020.8（2021.10 重印）
ISBN 978－7－5130－6894－9

Ⅰ . ①数… Ⅱ . ①杨… ②袁… Ⅲ . ①数据管理—安全管理—科学技术管理法规—研究—中国 Ⅳ . ①D922.174

中国版本图书馆 CIP 数据核字（2020）第 066498 号

责任编辑：彭小华　　　　　　　　　　责任校对：潘凤越
封面设计：刘　伟　　　　　　　　　　责任印制：孙婷婷

数据安全治理研究
杨蕾　袁晓光　著

出版发行：	知识产权出版社有限责任公司	网　　址：	http://www.ipph.cn
社　　址：	北京市海淀区气象路 50 号院	邮　　编：	100081
责编电话：	010－82000860 转 8115	责编邮箱：	huapxh@sina.com
发行电话：	010－82000860 转 8101/8102	发行传真：	010－82000893/82005070/82000270
印　　刷：	北京九州迅驰传媒文化有限公司	经　　销：	各大网上书店、新华书店及相关专业书店
开　　本：	720mm×1000mm　1/16	印　　张：	10.25
版　　次：	2020 年 8 月第 1 版	印　　次：	2021 年 10 月第 3 次印刷
字　　数：	200 千字	定　　价：	50.00 元
ISBN 978－7－5130－6894－9			

出版权专有　侵权必究
如有印装质量问题，本社负责调换。

写作分工

杨蕾、袁晓光撰写第一、二、三、四、五等章节及技术方案，并进行全书校对。

姚继荣，高级工程师，胜利石油管理局有限公司电力分公司副经理，参与撰写第五、第六章，并提供油田电网数据分析、电力信息化等技术方案。

涂波，北京大学博士，和智信（山东）大数据科技有限公司 CEO，参与撰写第五、第六章，并提供杭州城市数字大脑等智慧城市技术方案。

陶可猛，山东大学硕士，济南万联信息科技有限公司 CEO 兼技术总监，参与撰写第三章，并提供 IT 系统安全架构技术方案。

黄兴民，高级经济师，胜利石油管理局有限公司电力分公司规划计划科长，参与撰写第五章。

刘喜军，高级工程师，胜利石油管理局有限公司电力分公司信息部主任，参与撰写第五章。

韩卫东，高级工程师，森诺科技有限公司电力设计院经理，参与撰写第六章。

李强，高级经济师、高级工程师，山东电子商会秘书长，参与撰写第六章。

目　录
CONTENTS

第一章　网络强国视域下新时代数据安全治理概述 …………… 1

　　第一节　网络强国与新时代数据安全治理的关系 …………… 1
　　第二节　新时代数据安全面临的挑战 ………………………… 7

第二章　域外数据安全治理概述 …………………………………… 28

　　第一节　域外数据安全治理概述 ……………………………… 28
　　第二节　美国数据安全治理的制度框架 ……………………… 29
　　第三节　欧盟数据安全治理的制度框架 ……………………… 37
　　第四节　其他域外国家数据安全治理的制度框架 …………… 47

第三章　数据生命周期安全风险分析 ……………………………… 59

　　第一节　数据生命周期安全概述 ……………………………… 59
　　第二节　数据采集阶段安全风险分析 ………………………… 63
　　第三节　数据传输阶段安全风险分析 ………………………… 67
　　第四节　数据存储阶段安全风险分析 ………………………… 70
　　第五节　数据处理阶段安全风险分析 ………………………… 72
　　第六节　数据应用阶段安全风险分析 ………………………… 74
　　第七节　数据销毁阶段安全风险分析 ………………………… 76
　　第八节　数据安全保护技术应用案例 ………………………… 77

第四章　个人数据安全和隐私权保护 …… 82

第一节　个人数据的认定标准 …… 82
第二节　个人数据的两种保护模式 …… 86
第三节　个人数据保护的基本原则 …… 88
第四节　个人数据权利内容 …… 91
第五节　个人数据安全的法律保护路径 …… 104

第五章　关键基础设施的数据安全治理 …… 110

第一节　关键基础设施界定和数据安全分析 …… 110
第二节　银行与金融部门关键基础设施的数据安全治理 …… 113
第三节　通信部门的关键基础设施和网络空间的数据安全治理 …… 121
第四节　交通部门关键基础设施的数据安全治理 …… 125
第五节　能源部门关键基础设施的数据安全治理 …… 134
第六节　其他关键基础设施主体 …… 140

第六章　政府数据开放与政府敏感数据的安全治理 …… 142

第一节　大数据技术创新政府治理与服务 …… 142
第二节　政府数据开放的风险问题研究 …… 145
第三节　政府数据开放的重点措施 …… 147
第四节　政府敏感数据的识别标准和安全治理 …… 149

主要参考文献 …… 153

第一章

网络强国视域下新时代数据安全治理概述

第一节　网络强国与新时代数据安全治理的关系

一、网络强国建设的时代背景

(一) 数据资源已成为经济社会发展的战略性资源

"大数据被认为是以容量大、类型多、存取速度快、应用价值高为主要特征的数据集合，正快速发展为新一代重要的信息技术和服务与管理方法，这种新技术和方法对数量巨大、来源分散、格式多样的数据进行采集、存储和关联分析，从中可发现新知识、创造新价值、提升新能力"。[1] 随着全球经济发展和互联网的广泛应用，国家运行、社会发展和个人工作生活高度依赖网络，数据资源已成为经济和社会发展的不可或缺的战略性资源。[2] 对网络空间和技术的治理能力成为衡量一个国家和地区的国际竞争力、现代化水平、综合国力和经济成长能力的重要标志。网络空间成为世界各国取得经济社会发展、科技创新、国家实力竞争优势的战略新方向，对其主导权的争夺将会改变未来世界的政治经济格局。与此同时，日益严峻的网络安全威胁也成为影响和制约国家社会发展的重要因素。在全球互联网发展浪潮中，总结我国互联网治理的经验并在网络空间中占据领先优势，成为网络强国建设的时代背景。

---

[1] ［英］维克托·迈尔－舍恩伯格、［英］肯尼思·库克耶：《大数据时代——生活、工作与思维的大变革》，盛杨燕、周涛译，浙江人民出版社2013年版。
[2] 陈天莹、陈剑锋："智能化大数据安全监管及系统实现"，载《通信技术》2017年第2期，第328~333页。

从国家的宏观角度上看，随着我国信息化普及和建设进程全面加快，数据安全治理在保障经济发展、社会稳定、国家安全、公共利益等方面发挥着重要作用。主要表现为：网络空间越来越成为承载国家核心利益和竞争力的战略重地。通过各种数据密集环境（如电子支付系统、智慧城市的道路视频系统、智能手机等）产生的海量数据，涵盖公共安全和国家安全、环境生态保护、交通通信、能源金融、教育文化、军事国防等经济社会的全部领域，成为生产力的基础因素。

（二）网络空间成为未来国家竞争实力的战略方向

网络空间被世界各国视为未来国家竞争实力的战略方向，各国将夺取网络空间的发展权和主导权上升为国家战略，加强新兴网络技术的布局，并进行技术的推广应用。以美国为代表的西方国家，在网络空间中具有垄断地位，在互联网产业和技术方面具有全面优势，并掌握着网络软件和硬件的核心技术。因此美国利用技术优势，通过各种方式掌握了对全球互联网的控制权。[①] 早在2011年美国国会就发布了《网络空间国际战略》，随后美国国防部公布了《网络空间行动战略》，以落实《网络空间国际战略》。不仅如此，在互联网新技术领域，美国发布《联邦云计算战略》《支持数据驱动型创新的技术与政策》等国家战略文件，目的是全面巩固与加强其在互联网技术领域的垄断地位和控制能力。

与此同时，德国发布《数字化战略2025》，目的是通过数字强国来获取数字经济领域的国际竞争力，该战略强调应当继续巩固"智能化联网"在经济基础中的核心地位，强化数据信息的安全性并掌握网络信息主权，利用数字信息技术继续推动"工业4.0"，为中小型企业、手工业者和服务业提供适合数字经济的新型商业模式。其中"工业4.0"已经成为全球通用的术语，主要指工业特别是制造业的数字化转型。"工业4.0"的提出宗旨是以数字技术重塑德国制造业，使其更具竞争力。简单来说，"工业4.0"就是第四次工业革命，通过物联网技术和制造业分散智能等网络技术将物理生产和运营整合到网络环境中，是网络物理系统的演进。从本质上讲，新兴的数字技术利用现有数据和资产中的新数据，实现与物联网的相连，以在多个层面上提高效率，转变现有制造业流程，在整个价值链中创建"端到端"的信息流，并实现新的服务和业务模型。

英国政府则制定实施了《2015—2018年数字经济战略》，该战略认为站在

---

① 林如鹏、汤景泰："政治逻辑、技术逻辑与市场逻辑：论习近平的媒体融合发展思想"，载《新闻与传播研究》2016年第11期，第5~15页。

数字创新浪潮的最前沿，对于英国的国际竞争力至关重要。英国每年在数字经济领域投入 1500 万英镑用于支持创新业务项目，另外再提供 1500 万英镑作为数字技术孵化器中心、数据技术研究所、科技城等公开赛的支持资金。同时，该战略还提出了支持企业数字技术创新、提倡关注数字技术使用者的用户感受、提升个人技术创新的专业知识及业务资源、支持可互操作的基础架构和软件平台的建设及构建数字生态系统、保障数字技术安全可控五大战略目的。

（三）数字经济成为国家经济增长和经济发展模式转型的重要推动力

我国经济发展正处于转型的关键时期，面临着高污染高能耗的发展方式转变为高质低耗、产业结构优化、增长动力转换等关键任务。移动互联网、物联网、云计算、人工智能等新兴网络信息技术成为科技创新与引领新增长模式的新动力。中国信息通信研究院发布的《中国数字经济发展与就业白皮书（2019年）》显示：2018 年，我国的数字经济规模达到 31.3 万亿元，比上年度增长 20.9%，占 GDP 的比重再次提升到 34.8%。此外数字经济领域吸纳就业的能力得到显著提升，明显高于同期其他行业和领域的就业规模增速，成为吸纳就业的重要渠道。2018 年我国数字经济领域创造的就业岗位达到 1.91 亿个，占当年总就业人数的 24.6%，同比增长 11.5%。大数据则是这些数字经济新兴产业、新经济发展模式的重要基础和支撑。通过数据的分析应用，传统行业也将实现产业转型和重塑，迎来新的发展机遇。传统产业能够提高产品开发流程的效率，提高产品和服务的质量、效率并降低总体成本。例如，在工业物联网（IIoT）技术和人工智能的驱动下，汽车工业将允许企业组织利用原有的数据构建现代化数据架构，提升企业运行效率，并根据市场需要重塑行业，发展无人驾驶等新兴领域。

新的数据技术工具不断发展也将不断优化对劳动者的培养方式，大数据开发及大数据与其他领域的交叉学科的深度融合将深刻改变高等教育人才培养模式。2015 年国务院发布《关于推进"互联网+"行动的指导意见》，"互联网+教育"成为行动计划的重要内容之一。高等教育必须改变传统的思维模式，引入网络空间的创新发展、开放共享等理念，"重新构建适合现代社会的组织形态、发展模式，并改造固有的课程设计理念、课程设计架构，改革原有的教学、学习和评价体系，实现交互式、开放式的新模式，从而塑造'互联网+'时代高等教育组织，促进世界高等教育资源的价值传递、价值共享和价值创造"。[①]

[①] 文君："'互联网+'视域下高等教育国际化发展"，载《中国高等教育》2017 年第 5 期，第 22~24 页。

二、网络强国建设的核心内容

同时，网络强国建设需要重点推进五个领域：第一个领域是数据和信息技术的技术要求，在能够实现自主可控的同时，提升技术的先进性；第二个领域是网络文化的建设，应当实现信息服务的全面覆盖，网络文化的兴盛；第三个领域是信息基础设施的建设要求，应当能够为信息经济提供良好通路，促进信息经济的繁荣发展；第四个领域是人才建设，只有培养具备优良的技术优势的人才队伍，才能扎实推动网络安全和信息化事业的发展；第五个领域是促进国际交流合作，当今的数字经济时代，必须采取多种措施和机制保障国际交流合作。建设数字强国的重点方向是在数字网络技术领域的创新发展，包括智能芯片、智能传感器、人工智能与机器学习、数据挖掘等核心技术中实现自主研发和前沿数字科技的突破性发展。

在加强网络技术创新的同时，必须应对日益严峻的网络安全威胁和风险，为网络强国建设奠定良好的基础。我国网络安全面临多方面的挑战，在国家安全、经济社会、文化和意识形态等领域的网络安全形势不容乐观。我国国家互联网应急中心（CNCERT）发布了《2018年我国互联网网络安全态势报告》，对2018年我国互联网数据安全和隐私保护面临的主要风险进行了分析，并提出了相对应的措施。从该报告的数据来看，互联网数据安全治理情况令人担忧，其中数据安全面临的三大风险主要是攻击篡改网页、非法植入网站后门以及非法窃取使用数据。仅在2018年一年间，报告给CNCERT并由其进行协调处理的网络安全事件数量就超过了10万起。其中网页仿冒事件占比最高，其次是网络安全漏洞、恶意程序、网页篡改、网站后门、DDoS攻击、非法"挖矿"等事件。在2019年中共中央网络安全和信息化委员会办公室（以下简称中央网信办）等四部委联合开展互联网网站安全专项整治活动中，仅仅2019年的前四个月，我国境内被篡改的网站数量高达8 213个，同比增长48.8%；被植入后门的网站10 010个，同比增长22.5%。在被仿冒和篡改的网站中，政务类网站成为重点攻击对象。在2018年约有5.3万个针对我国境内网站的仿冒页面，仿冒政务类网站数量占比高达25.2%，被植入暗链的网站占比达56.9%，".com"".net"和".gov.cn"域名的政务类网站占比分列前三位。

三、数据安全治理的内涵界定

（一）数据安全治理的内涵

数据安全治理从治理结构来分析，可以分为宏观和微观两个层次。一是宏观层面的数据安全治理，即治理主体通过法律、政策、国家战略层面针对数字经济和数据对国家社会发展的影响，进行顶层设计、制度完善和组织架构的过程。例如，发布国家顶层的数据发展战略、制定完善数据安全治理的法律法规、设立数据安全治理的专业机构等。二是微观层面的数据安全治理，针对数据资源的收集、存储、利用及数据共享、数据安全保护等核心内容，重点关注个人敏感数据的保障，数据流动、数据跨境流动的管理及数据安全评估等具体制度的实施。网络空间的数据安全治理成为网络安全治理的关键和基础环节。

（二）数据安全治理的理念

数据安全治理的理念主要包括以下内容。

一是数据的安全评估。在实施数据安全治理之前，必须整体进行一次数据安全评估，用以了解当前数据平台以及数据在流转、使用过程中的安全状态，继而明确安全目标并制定安全规划，为数据安全治理工作奠定基础。

二是数据的分级分类。基于对数据的有效理解和分析，对数据进行不同类别和密级的划分；根据数据的类别和密级制定不同的管理和使用原则，尽可能对数据做到有差别、有针对性的防护，从而实现数据在被适当安全保护下的自由流动。

三是数据的授权管控。不仅要对数据分级分类，更要针对不同角色制定不同的安全政策，从而知晓数据被谁访问或使用（增删查改）过；常见的角色包括：业务人员、数据运维人员、开发测试人员、分析人员、外包人员、数据共享第三方等。

四是数据的场景化安全。研究不同角色在不同场景下的数据使用需求，在尽可能满足数据被正常使用的前提下，选择适合的安全工具，完成相应的安全要求。例如，对于开发测试人员，在开发场景下，应侧重满足其对生产数据高度仿真模拟的需求，而不是对仿真数据进行加密、访问控制、审计等；对于运维人员，在备份和调优场景下，并不需要什么特殊权限，只需要对其做行为审计和敏感数据掩码即可。

（三）数据安全治理的技术要求

数据安全治理的技术要求包括六个方面。一是对数据泄露的技术控制。这包括：对数据传输采取加密技术如签名、鉴别等以保障数据传输安全，阻止数据泄露。二是实现数据存储的安全技术保护。安全措施包括访问控制、数据加密、数据安全审计，采取数据分级管理，做好数据备份回复策略等。三是对敏感数据的识别和防泄露制度。对原始数据进行分析加工，实现数据脱敏，提供数据前进行数据安全级别识别、数据监控、数据安全的预警，同时与相关人员签订保密协议，确立保密职责。四是对数据发布的审核管控制度。数据共享中注意对数据共享范围的确定，实施安全管控的相关措施。对数据的发布实施严格的审核制度，根据数据的类型和敏感级别进行分级，制定完备的安全评估及授权审批措施，确定不同专业领域的数据发布内容、数据发布范围、数据发布程序和标准，同时明确规定数据发布者与使用者的权利和义务。五是完善和明确数据销毁管理制度。根据数据敏感类型，完善数据销毁的技术措施，防止销毁数据被复原。六是制定完善的数据安全事件应急预案。明确数据安全事件的情形，规定不同专业领域的应急处置程序和规范措施，实现数据安全的及时响应和评估反馈。①

（四）数据安全治理应当寻求促进数据的流动和保护个人数据合法权益之间的平衡

网络空间海量的数据资源具有双重属性，既是经济社会发展的基础性资源，也是个人权利和自由的载体。如何在这对矛盾冲突中寻求平衡，对于数据安全治理至关重要。数据安全治理应当衡量两种不同的利益，分别是数据流转使用及数据产业发展的经济利益和个人对数据进行控制的权益。

一是海量数据的流动蕴藏着丰富的经济价值。网络空间海量的数据资源在持续流动及合法使用过程中，能够创造巨大的经济利益。数据发展战略将在多个方面促进社会经济的发展，通过数据的储存、收集和灵活应用，实现数据的经济价值，保障数据安全，提升信息社会基础设施；数据的交换和流通市场的形成，不仅能够直接产生经济效益，更能够促进基础信息技术的不断发展，同时为培养数据领域的人才创造条件。随着经济全球化浪潮和网络技术的推动，数字经济的发展，大数据、云计算等网络技术的广泛应用，数据流动尤其是跨境数据流动成为常态。据麦肯锡咨询公司的统计显示，网络数据流动每年可为全球 GDP 贡献 3% 的增长率。由于不同国家对于数据跨境流动的法律和政策不同，信息基础设施的先进程度也有区别。"数据的跨境传输仍然存在各种壁垒和限制措施，只有打破壁垒，才能推动全球数据的便捷流动和数字贸易的迅速发展，保障贸易和生产的数据跨境传输，实现数据跨境流动的执法合作。对于数据跨境流动，受到经济合作与发展组织（OECD）、亚太经济合作组织（APEC）等国际组织的高度重视，为跨境数据传输的自由流动制定了行动指南

---

① 朱洪斌、安龙、杨铭辰："电力大数据安全治理体系"，载《2019 电力行业信息化年会论文集》，第 416～417 页。

和政策措施"。①

二是网络数据中包含着大量的个人数据,与公民个人的隐私权等人格权密切相关,数据安全治理也应当密切关注个人权利的保障及个人对于数据流动的控制权。因此,空间数据治理既要设计跨境数据流动的规则,推动各国数据治理机关之间的协商合作,减少数据跨境流动的制度障碍来实现经济价值;同时,又要通过数据本地化及健全个人数据保护的法律政策体系来保障个人权利。

(五)数据安全治理应当尊重不同国家的"网络主权"

我国强调网络空间的公共性质,网络空间是属于人类共同体的公共领域,因此网络资源的分配及使用应当符合公平和正义的基本理念。② 我国主张应当依照协商合作、维护和平、开放安全等理念,为网络空间治理构建多边主体参与、程序民主、标准透明的互联网治理方案。与此同时,我国明确捍卫在网络空间中的"网络主权",并在2010年发布的《中国互联网状况》明确宣告,网络空间不仅是开放的,更是承载着国家经济社会发展的重要基础。因此,"我国境内的互联网属于我国主权的管辖范围,中国互联网主权应受尊重和维护"。③ 数据安全治理也应当遵循上述理念和原则。

第二节 新时代数据安全面临的挑战

随着人工智能技术(人脸识别、自动驾驶等)的迅猛发展,当前的数据安全目标可以主要总结为三个方面:数据隐私保护、数据质量保障以及实现数据安全保护。所谓的数据隐私保护主要是在数据的收集、流转、存储、使用过程中,防止个人数据尤其是涉及隐私权的数据被泄露及非法使用。数据隐私保护成为数据安全治理中的关键问题之一。④ 数据质量保障主要指在数据采集过程中防止出现数据伪造、数据失真、数据丢失等质量问题,数据质量

---

① 张继红:"个人数据跨境传输限制及其解决方案",载《东方法学》2018年第6期,第37~48页。
② 阙天舒、张纪腾:"人工智能时代背景下的国家安全治理:应用范式、风险识别与路径选择",载《国际安全研究》2020年第1期,第4~38页。
③ "国务院新闻办发表《中国互联网状况》白皮书",载《电子政务》2010年第6期,第96页。
④ 华劼:"网络时代的隐私权——兼论美国和欧盟网络隐私权保护规则及其对我国的启示",载《河北法学》2008年第6期,第7~12页。

问题不仅会严重影响数据使用的效率，而且会滋生潜在的数据违法及犯罪行为。数据安全保护侧重于从数据的全生命周期角度，来审视数据从产生到消亡整个过程的数据安全。具体而言，数据安全治理主要面临六个方面的风险与挑战。

一、对个人数据的收集与应用缺乏充分监管

（一）Facebook 用户数据被泄露事件的深度分析

1. 2018 年 Facebook 用户数据被泄露事件

2018 年的社交媒体巨头 Facebook 用户数据被泄露事件的爆发引发了全世界的关注，更加深了人们对于个人数据非法收集使用的深切忧虑。与此同时，总部位于伦敦的选举咨询公司剑桥数据分析公司（Cambridge Analytica）也处于收集和使用个人数据的争议漩涡之中。[①] 最初两家公司均否认有任何不当行为。但是随着新闻媒体对该事件的深入报道和信息的不断披露，Facebook 的首席执行官扎克伯格被国会质询，Facebook 损失惨重，股票价格遭遇大跳水，市值蒸发了近 500 亿美元。

美国《纽约时报》和英国报纸《观察家》发表文章，详细梳理了 5000 万个 Facebook 用户的个人数据资料如何最终被提供给剑桥数据分析公司的全部过程。[②] 剑桥大学心理学教授亚历山大科恩和他创建的全球科技分析公司（Global Science Research）在 2014 年开发了一款 App 应用程序，名为"This is your digital life"。该 App 应用程序向用户收取费用，并提供在线心理测验。其心理测验的过程除了收集用户提供的个人资料外，同时和用户的 Facebook 个人资料中的数据进行交叉比对，从而建立心理分析的模型。这款应用程序通过对 Facebook 用户的"点赞"列表及其他个人数据交叉比对，能够极其精确地预测分析该用户的性格特征，从而全面构建该用户对商品的使用方式、政治态度以及身体心理健康的数据模型。通过这种方式，该 App 应用程序挖掘了 5000 万个 Facebook 用户的个人资料以获取相关数据。科恩教授随后将这些数据卖给了剑桥数据分析公司，并允许该公司开发软件解决方案来影响 Facebook 用户的选举选择。

剑桥数据分析公司的前雇员克里斯托弗·威利（Christopher Wylie）向媒体

[①] Isaak J, Hanna M J. User Data Privacy: Facebook, Cambridge Analytica, and Privacy Protection [J]. Computer, 2018, 51 (8): pp. 56–59.

[②] Venturini T, Rogers R. "API–Based Research" or How can Digital Sociology and Journalism Studies Learn from the Facebook and Cambridge Analytica Data Breach [J]. Digital Journalism, 2019: pp. 1–9.

透漏，出售给剑桥数据分析公司的数据随后交给开发人员进行数据分析，并建立 Facebook 用户的个人"心理"档案，目的是在线向 Facebook 用户推送可能影响选举倾向性的材料。剑桥数据分析公司在选举领域的声誉早已备受争议，其前员工暗示该公司可能利用贿赂、散布错误信息来帮助候选人赢得选票或者影响选举结果。这更加深了人们对于个人数据被非法收集使用的担忧。尽管 Facebook 并未直接向剑桥数据分析公司出售或者提供数据，但是其个人数据收集内部政策的不透明及对个人数据保护不利引发了激烈的批评。[①]

2. 2012 年 Facebook 违法使用用户数据事件

早在 2012 年，Facebook 就因为未经授权使用其网站《赞助故事》广告中的用户照片而导致了一项集体诉讼。原告通过集体诉讼，控告 Facebook 在其《赞助故事》栏目的广告中违规使用其照片和其他图像，违反了《加利福尼亚州传播法》的规定，侵犯了原告权利。根据《加利福尼亚州传播法》的规定，是否将个人的图像数据资料用于商业目的，权利人享有决定权。在该起诉讼之前，Facebook 的很多用户其实一直在网站上充当品牌推广者。Facebook 未经 Facebook 用户的许可，就在品牌广告中使用用户的照片等个人数据信息，制作他们使用某产品和服务的"故事"，实质是特色促销广告。"如果 Facebook 用户想要撤销对形象的使用，需要通过申诉程序，声明自己不喜欢该品牌，但是申诉程序的成功率非常低，甚至大多数用户并不知道申诉程序"。[②]

Facebook 随后与原告达成和解协议，根据和解条款，Facebook 同意简化申诉程序。Facebook 用户从而可以根据自己的意愿退出促销活动。这确实反映了 Facebook 对用户个人数据收集应用的政策变化，其以前根本没有制定赞助广告中个人数据的退出机制。但是非常遗憾的是，Facebook 并不是将用户自己的个人形象与在网站上推广该品牌主动分离。同时根据双方的和解协议，Facebook 同意支付总计 2000 万美元的和解资金，其中一半捐赠给慈善机构和法学院，另一半则捐给了原告的律师。除了以上的三方以外，没有其他的 Facebook 用户从和解协议中获得任何赔偿。

该案件的真正价值并不在于巨额的和解金，而是提升了社交媒体用户对个人数据信息使用方式及隐私权的意识，[③] 同时促进了用户与网站对个人数据使

[①] Tse Y K, Loh H, Ding J, et al. An investigation of social media data during a product recall scandal [J]. Enterprise Information Systems, 2018: pp. 1 – 19.

[②] De Wolf R, Willaert K, Pierson J. Managing privacy boundaries together: Exploring individual and group privacy management strategies in Facebook [J]. Computers in Human Behavior, 2014, 35: pp. 444 – 454.

[③] Venkatadri G, Andreou A, Liu Y, et al. Privacy Risks with Facebook [C] // 2018 IEEE Symposium on Security and Privacy. IEEE Computer Society, 2018.

用的交流与对话。此后，Facebook 承诺，其将就在社交媒体广告活动中可能引起的隐私权、使用权等问题积极与用户进行合作和交流。Facebook 增加了用户警告通知程序，告知用户照片等个人形象的使用条款，网站将会在哪些广告中使用用户的图片。该告知程序将帮助更多的 Facebook 用户作出更明智的决定，是否为了免费使用 Facebook 网站及其社交联系服务，将自己的面孔或个人资料出现在品牌广告中。

（二）Facebook 用户数据被泄露事件的影响和反思

1. 个人数据的安全治理始终是数据安全治理的焦点

大数据时代，个人数据呈现幂级指数增长、网络爬虫等数据挖掘技术的突飞猛进、网络环境下个人数据的采集主体分散、个人数据的监管政策的差异等使数据主体行使个人数据控制权日趋困难，"数据的权利界限日益模糊，个人数据往往成为侵犯个人权利的重灾区"。① 例如，智能手机应用程序要求用户提供与服务不相关的个人数据，或者在不告知用户的情况下读取、收集用户的通信录、媒体库、消费记录、GPS 等个人数据。随着手机、iPad、智能穿戴装置等智能移动终端设备的普及，应用软件的装载率高，携带性和便利性更高，人们日常消费、传输材料、通信等生活工作对智能移动设备的依赖程度极强，所引发的个人数据安全问题影响范围更广、散布速度更快。②

以现在的一般智能手机为例，智能手机的各种应用程序能够读取 80% 左右的应用该手机设备的行为数据。这些数据的范围涵盖的设备信息包括手机的 IMEI（International Mobile Equipment Identity）、③ IMSI（International Mobile Subscriber Identification Number）。④ 很多手机软件还强制读取手机联系人、通话记录、短信等通信数据和手机号码及位置数据等。智能终端中的应用软件读取手机用户系统数据情况更为普遍，根据中国信息通信研究院提供的数据，如智能手机中的音频和视频的媒体库、系统日志等被应用软件读取的占到 50%。智能手机的应用程序内植入广告或权限存疑（申请权限与实际使用不符）的行为比例更高，超过了 90%。

---

① 齐爱民："论大数据时代数据安全法律综合保护的完善——以《网络安全法》为视角"，载《东北师大学报》（哲学社会科学版）2017 年第 4 期，第 104~114 页。

② 徐明："大数据时代的隐私危机及其侵权法应对"，载《中国法学》2017 年第 1 期，第 130~149 页。

③ IMEI 即国际移动设备身份码，该号码与每部手机一一对应，因此 IMEI 是区别不同手机在全世界的唯一身份代码，IMEI 是由 15 位数字组成的"电子串号"，类似于移动设备的身份证。

④ IMSI 即国际移动设备用户识别码，是全球移动通信系统协会及下属组织分配给移动用户（MS）的唯一的识别号，类似于用户身份证。

2. 数据安全治理的难度不断加大

"受到个人数据巨大经济价值的驱动，数量众多的企业等组织和个人，未经数据主体同意，任意或者非法收集、处理以及肆意使用个人数据。而拥有大量个人数据的组织之间、企业与第三方之间转移、买卖个人数据的情形也相当普遍"。①

Facebook 并不仅仅是进行社会交往和讨论共同兴趣话题的网络企业，它更是一个功能强大的网络平台。超过百万的网站和第三方应用程序允许用户通过 Facebook 进行交互，甚至无须实际访问 Facebook 网站。70% 以上的 Facebook 用户经常访问该网站以与其他平台互动，从新闻服务到虚拟游戏，其中一些应用程序隶属于 Facebook 平台，只能通过 Facebook 来使用。除了 Facebook 用户选择披露的个人数据之外，根据 Facebook 的个人数据隐私政策，还将从其他第三方接收大量信息，包括有关用户的行为、位置等数据信息。此外，Facebook 不仅大量收集个人数据信息，而且还将这些个人数据分享给大约五十万个第三方应用程序的开发人员。

Facebook 用户泄密事件的影响非常深远，一方面在当今数字化生活的今天，Facebook 用户泄密事件绝不是偶尔出现的个案，而是反映了网络环境下对个人数据进行收集、整理、使用的行为几乎无处不在，而数据主体本人控制权的行使困难重重。另一方面它让人们重新审视个人数据安全的政府监管和数据行业自律的实际效果，"政府的数据安全监管、数字经济各领域尤其是互联网新兴产业的行业自律及个人的数据安全意识亟待全面加强②"。

互联网新技术的不断涌现，更加剧了数据安全治理的难度。2017 年比特币等加密货币的价格出现了爆发式增长，随之利用木马病毒对手机等移动设备进行"挖矿"的攻击行为频繁发生，数百万名 Android 手机用户面临着被"偷渡式"加密矿工劫持挖掘的风险。"这种劫持设备进行挖矿时，经常通过某些免费应用程序来吸引手机用户，一旦点击广告或者免费程序的链接，会将设备最终连接到挖矿的加密链接。因此手机用户很容易在没有意识到的情况下感染病毒"。③

通过将网络流量定向到特定地址，手机等移动设备的功能将被浏览器 JavaScript 脚本代码控制，并被利用来挖掘加密货币。尽管看起来这似乎是一种

---

① 刘雅辉、张铁赢、靳小龙、程学旗："大数据时代的个人隐私保护"，载《计算机研究与发展》2015 年第 1 期，第 229～247 页。

② 张敏："交易安全视域下我国大数据交易的法律监管"，载《情报杂志》2017 年第 2 期，第 127～133 页。

③ 程叶霞、付俊、彭晋、杜跃进："区块链安全分析及针对强制挖矿的安全防护建议"，载《信息通信技术与政策》2019 年第 2 期，第 45～51 页。

相对无害的方法，可以利用其他未使用的资源来产生财富。但是劫持设备的过程会使移动设备的CPU的功能达到100%并一直保持不变。如果这种状态持续足够长的时间，可能会严重损害智能手机的内部组件。例如，严重影响手机电池的使用寿命、导致手机长时间温度升高、损害手机存储卡等问题，从而导致用户支付昂贵的维修费用，甚至可能损坏整个设备的功能。此外，整个"挖矿"的过程未经手机用户的同意即进行，这引起了用户对个人数据尤其是隐私泄露的担忧。

二、网络攻击技术和手法更新迅速，隐蔽性强，保障数据安全的技术难度加大

（一）随着信息计算与数据处理能力的不断提升，工业工程系统和信息计算已经出现高度融合的趋势

信息物理融合系统（Cyber-physical system, CPS）是"计算单元和物理对象在网络环境中高度集成交互而成的智能系统"。[1] CPS包括"工业物联网、信息物理融合能源系统或能源互联网、智能电网、智能交通系统、智能制造系统、智能物流系统等，已成为支撑和引领新一轮产业变革的核心技术"。[2] 社会经济、社会发展的几乎所有领域都高度依赖网络。银行、保险公司等金融行业通过互联网将用户信息、交易记录等数据进行物理或者云存储，通过互联网进行资金结算及资金往来；国家重要的信息基础设施及工业设施，如电力石油等能源供应、机场高速等交通管理、通信传输、制造控制设备等都依靠网络连接并运行。因此这些系统成为网络攻击的新目标，"除了传统的网络空间外，网络攻击的范围已经蔓延到实体经济领域，包括银行金融、工业物联网及控制系统、石油电力等关键能源行业、航空航天，甚至包括汽车高铁等交通等多个领域，给国家的信息工业基础设施的安全构成严重威胁。各种隐蔽性攻击事件呈快速增长态势"。[3]

人们曾经认为工业控制或者其他工程系统具备物理封闭性，因此可以通过设计的安全系统来防范网络攻击。在许多国家，石油电力等能源、化工化学、智能制造业的工业控制系统通常是专门定制的，安全防控措施比较缺乏，但是这些系统并非是独立的，而是通过许多端口互相链接，一旦突破任何一个端口，

---

[1] National Institute of Standards and Technology, Framework for Cyber-Physical Systems. Cyber Physical Systems PWG, 2015.

[2] 刘烃、田决、王稼舟，等："信息物理融合系统综合安全威胁与防御研究"，载《自动化学报》2019年第1期，第5~24页。

[3] 雷程、马多贺、张红旗，等："基于网络攻击面自适应转换的移动目标防御技术"，载《计算机学报》2018年第5期，第1109~1131页。

整个控制系统就会瘫痪。例如，HNS 僵尸网络的攻击对象就是物联网系统里的摄像头、无线传感器等设备。

（二）随着新型网络攻击技术（如 https 加密技术、区块链、新型僵尸网络、DDoS 攻击等）的不断出现，长期潜伏隐蔽式的网络攻击非常普遍

网络攻击的方式方法更新迅速。我国目前的网络安全主要防范的是传统的网络攻击方式，对于隐蔽式、加密程度更高以及高度伪装的攻击技术，在技术细节和防控模式上研究不够深入，难以真正实现防控拦截。网络攻击给经济社会发展带来重大破坏，除了工业及个人敏感数据被泄露，工业控制系统及网络瘫痪将导致巨大的经济损失外，国家信息及其他关键基础设施的破坏则严重威胁国家安全。

三、非法数据交易日益猖獗，加剧通信诈骗等信息滥用行为

"尽管各国制定了越来越严格的法律法规和技术标准来保护个人数据信息，但是数据仍然可以通过很多渠道轻易获取"。[1] 一些网站植入了特殊脚本、恶意代码和黑客工具，黑客利用网络运营商的漏洞非法搜集移动互联网用户的电话号码、IP 地址、访问时间、搜索关键字及其他信息。然后将这些信息出售给产品营销商、诈骗集团、贷款保险公司，甚至医疗和教育公司。非法数据已经形成了完整的个人数据信息非法交易的产业链。[2] 下游是恶意代码的生产者或者网站，上游的网站吸引互联网或者移动设备用户访问，中间商在两者之间牵线搭桥。上游网站通过恶意程序或者代码获得大量用户数据并通过中间商出售；中间商则依靠上下游来赚取差价；下游则负责精确攻击，同时出售从中间商那里购买的数据牟利。

不仅如此，有些移动设备的供应商通过软件窃取传送系统中使用的用户数据。在 2017 年，有 12 名苹果公司当地直销和外包公司的员工被逮捕。被逮捕的原因是这些苹果公司的员工使用 Apple 的内部系统平台非法访问 iPhone 用户的数据，并将这些用户数据（包括用户的电话号码、姓名及 Apple ID 等）非法出售，涉案总金额超过 5000 万元人民币。

非法的数据交易加剧了通信诈骗等非法行为，[3] 如垃圾邮件、短信等电信诈骗等。根据中国互联网协会 2016 年的一项调查显示，我国的互联网用户平均每周

---

[1] 戴龙："论数字贸易背景下的个人隐私权保护"，载《当代法学》2020 年第 1 期，第 148～160 页。

[2] 向玲："网络中个人隐私权及其法律保护"，载《内蒙古社会科学》第 6 期，第 16～19 页。

[3] 史宇航："个人数据交易的法律规制"，载《情报理论与实践》2016 年第 5 期，第 34～39 页。

收到20.6次垃圾邮件，平均每周收到骚扰电话达到21.3次。因此，许多网民抱怨说，他们在网上搜索某些产品或者服务后，很快就会收到骚扰电话，不停地向他们推销他们搜索过的服务或产品。电信诈骗带来的悲剧不仅如此，山东考生徐某某就因为电话诈骗而被骗走家人辛苦积攒的全部学费，最终死于心脏骤停。

四、数据安全意识不强

互联网网站的使用者和运营者网络安全意识亟待加强。尤其是互联网网站的经营者中有大量的中小企业，网络安全技术和安全管理能力较弱，安全保障措施不完善，难以做到高效率的安全防护，往往成为网络攻击的目标。随着产业互联网快速发展，企业购买大量设备和人员服务，但信息化项目建设各自为战，没有引入资源互补；网络安全任务只依赖单一引擎、单一厂家；缺少平台级运营能力，很多数据如测评、漏洞验证类数据进入平台后，无法沉淀和优化关联，很难形成线上支撑和联动。

五、数据安全治理的法治化程度亟待提升

（一）数据安全治理应纳入法治化轨道

在数据安全治理领域，如何保障个人数据、数据安全与数据流动之间的平衡，数字经济的发展与行政监管的秩序要求、不同网络主权国家之间的合作竞争等问题，皆需要从法治的角度来审视解决。正如有学者总结的那样，"数据安全治理的法治化问题，简而言之，实质是对数据安全治理的不同主体，对其不同的权利义务进行设定，对不同主体之间的关系模式进行制度构建，从而实现法治的要求"。[①]

网络和数字技术的迅速发展，数据不仅是数字经济的基础性资源，也成为承载人格权的重要法律途径。[②] 我国在数据安全治理领域的探索不断深入。数字经济的规模和发展速度都呈现快速增长态势，《中国数字经济发展白皮书（2019年）》显示，2018年我国数字经济规模突破了30万亿元，达到31.3万亿元，更是实现了名义增长率20.9%的快速增长，占GDP的比例达到了34.8%，其中广东省数字经济的规模超过4万亿元，贵州省则同比增速超过20%。同时，上海市、贵州省设立的大数据交易中心正式投入运营，为我国大数据交易

[①] 王锡锌："数据治理立法不能忽视法治原则"，载《经济参考报》2019年7月24日，第8版。
[②] 程啸："论大数据时代的个人数据权利"，载《中国社会科学》2018年第3期，第101~122页。

搭建了良好的平台。①《中华人民共和国网络安全法》（以下简称《网络安全法》）的颁布实施、《中华人民共和国民法总则》（以下简称《民法总则》）明确个人信息权属于自然人的民事权利、《儿童个人信息网络保护规定》对未成年人个人信息的特别保护等，对于保障数据安全和数据流通，维护我国的网络空间主权和国家安全意义重大。同时对于保护公民、法人和其他组织的合法权益，维护社会的公共利益，促进我国数字经济的健康稳定发展也发挥着重要作用。②

（二）数据安全治理的立法体系亟待完善

经过梳理，按照法律效力的层级不同，我国涉及数据安全治理的法律法规及相关规范性文件见表1.1—表1.6。

表1.1　法律及全国人民代表大会常务委员会的决定

名称	制定机关	相关内容	生效时间
《民法总则》	全国人民代表大会	个人信息权的民事保护及法律行为规则	2017/10/1
《中华人民共和国国家安全法》	全国人民代表大会常务委员会	网络与信息安全保障体系建设与职责分工	2015/7/1
《网络安全法》	全国人民代表大会常务委员会	等级保护制度 关键信息基础设施保护 网络安全审查 个人信息和重要数据出境 个人信息保护	2017/6/1
《中华人民共和国电子签名法》	全国人民代表大会常务委员会	规范电子签名行为，确立电子签名的法律效力	2019/4/23（修正）

---

① 杨琪、龚南宁："我国大数据交易的主要问题及建议"，载《大数据》2015年第2期，第38～48页。

② 李艳华："全球跨境数据流动的规制路径与中国抉择"，载《时代法学》2019年第5期，第106～116页。

续表

名称	制定机关	相关内容	生效时间
《关于加强网络信息保护的决定》	全国人民代表大会常务委员会	保护网络信息安全，保障公民、法人和其他组织的合法权益，维护国家安全和社会公共利益	2012/12/28
《关于维护互联网安全的决定》	全国人民代表大会常务委员会	界定危害网络安全的违法和犯罪行为	2011/1/8（修订）
《刑法修正案（七）》	全国人民代表大会常务委员会	非法获取和提供个人信息罪	2009/2/28
《刑法修正案（九）》	全国人民代表大会常务委员会	明确放宽了侵犯公民个人信息罪的主体范围	2015/11/1

表1.2 行政法规

名称	制定机关	相关内容	修订时间
《互联网上网服务营业场所管理条例》	国务院	互联网上网服务营业场所的危害信息网络安全的活动	2016/2/6（第二次修订）
		网络信息内容管理	
《互联网信息服务管理办法》	国务院	互联网信息服务经营性和非经营性的分类管理	2011/1/8
		互联网信息服务的内容管理	
《计算机信息网络国际联网安全保护管理办法》	国务院	计算机信息网络国际联网安全保护的管理部门和管理内容	2011/1/8
		国际危害信息网络安全的活动	
		国际网络信息内容管理	
《计算机信息系统安全保护条例》	国务院	计算机信息系统的安全等级保护	2011/1/8

表1.3 部门规章

名称	制定机关	相关内容	修订时间
《区块链信息服务管理规定》	国家互联网信息办公室	规范区块链信息服务活动和建立管理制度	2019/2/15
《儿童个人信息网络保护规定》	国家互联网信息办公室	加强儿童个人信息的网络保护	2019/10/1
《网络产品和服务安全审查办法（试行）》	国家互联网信息办公室	关系到国家安全的重要网络产品和服务，重点审查网络产品和服务的安全性、可控性	2017/6/1
《互联网域名管理办法》	工业和信息化部	保障互联网域名系统的安全	2017/11/1
《互联网新闻信息服务管理规定》	国家互联网信息办公室	互联网新闻信息服务的内容管理	2017/6/1
《互联网信息内容管理行政执法程序规定》	国家互联网信息办公室	互联网信息内容管理部门的行政执法程序规定	2017/6/1
《电信和互联网用户个人信息保护规定》	工业和信息化部	电信服务和互联网信息服务过程中收集、使用用户个人信息的活动	2013/9/1
《网络出版服务管理规定》	国家新闻出版总署、工业和信息化部	网络出版服务的内容管理	2016/3/10
《互联网等信息网络传播视听节目管理办法》	国家广播电影电视总局	互联网等信息网络传播视听节目的内容管理	2004/10/11

表1.4 司法解释

名称	制定机关	相关内容	修订时间
《关于审理利用信息网络侵害人身权益民事纠纷案件适用法律若干问题的规定》	最高人民法院	利用信息网络侵害人身权益民事纠纷案件	2014/10/10

17

续表

名称	制定机关	相关内容	修订时间
《关于办理利用信息网络实施诽谤等刑事案件适用法律若干问题的解释》	最高人民法院、最高人民检察院	利用信息网络实施诽谤、寻衅滋事等刑事案件	2013/9/10
《关于审理侵害信息网络传播权民事纠纷案件适用法律若干问题的规定》	最高人民法院	侵害信息网络传播权民事纠纷案件	2013/1/1
《关于办理利用互联网、移动通讯终端、声讯台制作、复制、出版、贩卖传播淫秽电子信息刑事案件具体应用法律若干问题的解释》	最高人民法院、最高人民检察院	利用互联网、移动通讯终端制作、复制、出版、贩卖、传播淫秽电子信息的犯罪行为及刑罚	2004/9/3
《关于依法惩处侵害公民个人信息犯罪活动的通知》	最高人民法院、最高人民检察院、公安部	明确放宽了侵犯公民个人信息罪的主体范围；明确了公民个人信息的范围	2013/4/23

表 1.5　规范性文件

名称	制定机关	相关内容	修订时间
《云计算服务安全评估办法》	国家互联网信息办公室、国家发展和改革委员会、工业和信息化部、财政部	采购使用云计算服务的安全可控	2019/9/1
《互联网新闻信息服务单位内容管理从业人员管理办法》	国家互联网信息办公室	互联网新闻信息服务单位内容管理人员的管理	2017/12/1

续表

名称	制定机关	相关内容	修订时间
《互联网新闻信息服务新技术新应用安全评估管理规定》	国家互联网信息办公室	互联网新闻信息服务新技术新应用安全评估	2017/12/1
《互联网群组信息服务管理规定》	国家互联网信息办公室	互联网群组信息服务的管理	2017/10/8
《互联网跟帖评论服务管理规定》	国家互联网信息办公室	提供跟帖评论服务的内容管理	2017/10/1
《互联网论坛社区服务管理规定》	国家互联网信息办公室	互联网论坛社区服务的管理	2017/10/1
《移动互联网应用程序信息服务管理规定》	国家互联网信息办公室	移动互联网应用程序（App）信息收集、使用等管理	2016/8/1
《互联网新闻信息服务单位约谈工作规定》	国家互联网信息办公室	互联网新闻信息服务单位约谈制度	2015/6/1
《互联网危险物品信息发布管理规定》	公安部、国家互联网信息办公室、工业和信息化部等6部门	互联网上发布的危险物品生产、经营、储存、使用信息的管理	2015/3/1

表1.6 国家战略和其他规范性文件

名称	制定机关	相关内容	修订时间
《国家网络空间安全战略》	工业和信息化部	网络空间主权、坚决维护国家安全、保护关键信息基础设施、加强网络文化建设、打击网络恐怖和违法犯罪、完善网络治理体系、提升网络空间防护能力、强化网络空间国际合作等9个方面	2016/12/27

19

续表

名称	制定机关	相关内容	修订时间
《网络空间国际合作战略》	外交部、国家互联网信息办公室	维护网络空间和平与稳定、构建以规则为基础的网络空间秩序、拓展网络空间伙伴关系、推进全球互联网治理体系改革、打击网络恐怖主义和网络犯罪、保护公民权益、促进网络文化交流互鉴等9个方面	2017/3/1
《网络安全审查办法（征求意见稿）》	国家互联网信息办公室	关键信息基础设施运营者采购网络产品和服务，影响或可能影响国家安全的，应当进行网络安全审查	征求意见
《数据安全管理办法（征求意见稿）》	国家互联网信息办公室	数据收集、存储、传输、处理、使用及数据安全的保护和监督管理	征求意见

与此同时，数字经济的快速增长，对法律政策提出了更高的要求，而我国数据安全治理的立法和政策尚存在法律效力不高、规定之间冲突和矛盾时有发生、法律制度构建相对滞后等问题，数字经济等新兴产业的健康发展同现有立法政策之间的冲突愈发明显。此外，数据安全问题凸显了技术的迅猛发展给法律政策体系带来的新挑战，[①] 数据安全治理的立法和政策需要依据数据自由流动对经济发展的重要作用而进行调整适应。只有这样才能够在实现保护数据安全（尤其是个人数据权利）的基础上，同时为数据合法流动、保障数字经济的健康发展、鼓励数据产业创新等提供基础法律依据。[②] 数据安全治理的立法体系仍然存在很多亟待解决的问题。

1. 数据安全治理立法体系的统一性尚需继续推动

数据安全治理的立法体系应当保持一致性，制定结构完整清晰、内容能够适应数据经济和技术发展需要的法律政策体系。我国数据安全治理领域的立法比较分散，全国人民代表大会或者全国人民代表大会常务委员会制定的法律较少，大部分是行政法规、部门规章等行政立法，还包括大量的行业规定。例如，信息安全行业管理机关、金融石油等行业管理机构的规定。这些行政法规、部

---

① 徐汉明："我国网络法治的经验与启示"，载《中国法学》2018年第3期，第51~70页。
② 龙卫球："数据新型财产权构建及其体系研究"，载《政法论坛》2017年第4期，第63~77页。

门规章及其他规范性文件的法律位阶和效力层次较低,从内容上看主要侧重管理性规范,不同立法之间还存在冲突或者矛盾的地方,难以实现数据治理领域的法制统一性,不利于数据安全治理的推动。①

例如,个人数据保护中的"知情－同意"规则方面,不同立法的规定不尽相同。《网络安全法》第四十一条明确规定个人信息的收集使用适用"明示及同意"规则,这是我国立法首次明确规定该原则。即网络运营者如果需要收集或者使用个人信息的,需要向被收集者明示个人信息的收集和使用规则,同时要向被收集者明示个人信息收集和使用信息的目的、方式和范围,同时需要经过被收集者的同意。该"明示及同意"规则比较笼统,没有规定法定的排除该规则适用的例外情况,也没有明确规定"同意"采取书面形式还是口头形式,也没有规定"同意"中被收集者的自由判断,同时"同意"是否可以撤销、如何撤销也缺乏规定。所以在《网络安全法》的语境下,网络运营者在取得数据被收集者的明示或者默示的同意后,就可以收集使用个人数据。

然而,国家互联网信息办公室(以下简称国家网信办)2019 年颁布的《数据安全管理办法(征求意见稿)》第九条则规定了个人信息收集使用的"明确同意"规则,即互联网运营者的隐私政策应当明示收集使用个人信息的规则,而且收集个人数据的详细规则应当集中规定,而且放在明显的位置。同时,对于收集信息的应用场景提供明显的用户提示,从而方便个人数据的被收集者阅读。并且只有当用户在清楚地获知个人信息收集使用规则,同时作出"明确同意"的意思表示后,网络运营者才可以收集个人信息。也就意味着网络运营者不得通过"默示授权"的方式,推定被收集者同意。《民法总则》在第一百一十一条规定了个人信息权受到法律保护。② 如果网络运营者要获得并且使用个人信息,取得方式和使用方式应当符合法律规定,同时承担保障个人信息安全的法定义务。如果存在非法收集、使用或者传输、加工个人信息的法定情形,或者未经信息持有人的同意而非法转让、泄露个人信息的,要承担相应的法律责任。同时《民法总则》第一百三十五条规定了民事法律行为可以采取的形式要件。民事法律行为既可以采用正式的书面形式,也可以采取口头形式或者其他形式,如默示同意。但是如果法律、行政法规有例外规定,或者民事法律关系当事人双方约定采用特定形式的,就应当采用特定形式。因此,上述《民法

---

① 吴汉东:"人工智能时代的制度安排与法律规制",载《法律科学》2017 年第 5 期,第 128～136 页。

② 杨立新:"个人信息:法益抑或民事权利——对《民法总则》第一百一十一条规定的'个人信息'之解读",载《法学论坛》2018 年第 1 期,第 34～45 页。

总则》的规定与《网络安全法》《数据安全管理办法（征求意见稿）》的规定都不同。《民法总则》采取了更为宽松的立法理念，收集、转让或者使用个人信息的意思表示既可以通过书面或者其他明示的形式作出，也可以以默示的方式作出，沉默在特定条件下也推定为民事法律行为的意思表示。既没有规定应当"明示并取得同意"，也没有要求必须"明确同意"，此时，沉默可以代表同意。[①]

此外，数据安全治理领域的不同立法，对于数据主体的规定也不同。例如，《数据安全管理办法（征求意见稿）》第一条规定了制定数据安全管理办法的立法宗旨：一是从宏观层面上保障国家安全和社会公共利益；二是从微观层面上实现公民、法人和其他组织的数据权利等合法权益，从而实现个人信息和重要数据安全。[②] 其中关于数据主体的规定为"公民、法人和其他组织"，但是在附则部分对个人数据主体界定为"自然人"，而且与《民法总则》民事主体的规定也不一致，这些都不符合立法语言严谨性的要求，应当进行修订。

由于数据安全治理的立法政策体系既有全局性，同时也应当考虑到不同行业和部门的特殊性。[③] 尤其是关键信息基础设施的范围较广，医疗卫生、能源交通、银行金融等行业特点不尽相同，其行业行政主管机关在制定规章或者规范性文件的时候，必须与《网络安全法》等上位法的法律规定保持协调一致。特别是数据安全治理的立法规划已经受到全国人民代表大会的重视，并将数据安全等问题列入立法规划。全国人民代表大会常务委员会已经将制定个人信息保护法、数据安全法等法律案列入2020年的立法工作计划，在数据安全治理的新领域进行法律制度的研究，为数据安全治理相关立法提供必要支撑。因此，应当首先对现有的数据安全治理的法律法规及相关规定进行统一，或者通过修订、删除的方式来减少矛盾和冲突的地方，促进法律法规之间的相互衔接。

同时，数据安全治理的立法政策体系在维护我国网络主权、企业竞争力及公民基本数据权利的同时，吸收借鉴国际数据安全治理的有益经验，[④] 建立适合我国基本情况的数据安全治理的立法政策体系，同时积极进行国际对话和竞

[①] 陆青："个人信息保护中'同意'规则的规范构造"，载《武汉大学学报》（哲学社会科学版）2019年第5期，第119~129页。

[②] 孙平："系统构筑个人信息保护立法的基本权利模式"，载《法学》2016年第4期，第67~80页。

[③] 肖登辉："行政法学视角下的我国个人信息保护立法初探"，载《武汉大学学报》（哲学社会科学版）2011年第3期，第41~44页。

[④] 王雪乔："论欧盟GDPR中个人数据保护与'同意'细分"，载《政法论丛》2019年第4期，第136~146页。

争合作,不断提升我国数据安全治理能力,争取更多的话语权。①

2. 数据安全治理立法的内容亟须不断完善

数据安全治理立法的内容应当体系清晰,内容完整,符合立法的基本原则。从数据安全治理立法的立法体系来看,多数的法律法规和政策多是对信息管理的规定,从数据层面来进行立法的较少(直接以数据为立法名称的如国家网信办的《数据安全管理办法(征求意见稿)》),已经不能满足目前数据安全治理的需要。同时,目前立法政策的操作性比较缺乏,配套的法律制度亟待构建完善。数据安全治理立法具有明显的公法色彩,与数据安全管理的行政管理关系非常密切。因此,在数据安全治理立法中应当体现我国公法和私法两种立法模式分立的特点,区分私法主体和公法主体在数据收集、储存、流转和使用中的不同,体现行政立法中的法治原则、合法性原则、比例原则等基本原则。

(1) 数据安全治理的立法和政策应当遵守法治原则。根据《中华人民共和国立法法》(以下简称《立法法》)第八条和第九条规定的"法律保留原则",其明确规定涉及犯罪和刑罚、对公民政治权利的剥夺和限制人身自由的强制措施和处罚、司法制度等事项属于法律的绝对保留,只能由全国人民代表大会或者全国人民代表大会常务委员会制定法律。而法律保留的其他事项,如基本经济制度以及财政、海关、金融和外贸的基本制度税种的设立、税率的确定和税收征收管理等税收基本制度等事项,尚未制定法律的,全国人民代表大会及其常务委员会可以根据自己的职权作出决定,通过授权的形式由国务院对部分事项先制定行政法规。同时《立法法》第十一条又明确规定授权立法事项一旦达到可以制定法律的条件,全国人民代表大会及其常务委员会应及时制定法律,在法律制定后,相应立法事项的授权当然终止。因此,如果数据安全治理涉及限制或者剥夺公民的基本权利,必须通过遵守"法律保留"原则。

同时,根据法治原则,数据安全治理立法应当遵守《立法法》规定的法律效力层级原则。根据《立法法》第五章的规定,《中华人民共和国宪法》(以下简称《宪法》)在整个法律体系中具有最高的法律效力,其他的任何法律、行政法规、地方性法规、自治条例和单行条例等立法都不得同宪法相抵触。根据法律效力层级的基本理论,法律的效力高于国务院制定的行政法规、具有地方立法权的地方人民代表大会及其常务委员会制定的地方性法规和行政规章,国务院制定的行政法规效力高于地方性法规和规章,地方性法规和规章的内容不得同法律、行政法规相冲突或者矛盾,相冲突或者矛盾的地方无效。数据安全

---

① 谢永江、朱琳、尚洁:"欧美隐私盾协议及其对我国的启示",载《北京邮电大学学报》(社会科学版) 2016 年第 6 期,第 39~44 页。

治理立法中的法律规则应保持内容的一致性，法律位阶较低的立法应当与上位法的规定一致，若下位法的规定与上位法的法律规定冲突，则下位法违法，将要承担被撤销或者被改变的法律后果。

（2）寻求数据安全与数据流动之间的平衡。数据是保障国家经济社会发展的重要战略资源，数据价值的体现必须通过数据流动，缺乏流动的数据难以实现其价值。在现代的社会发展和科技进步的情况下，社会管理和经济运行与数据的流动存在密切联系，数据流动及跨境传输对于数字经济的形成、社会经济的稳定发展及提升国家安全、国家竞争实力至关重要。①

与此同时，大量的政府和个人敏感数据也被收集和使用，国家秘密、个人隐私被泄露的概率也迅速增加。在数据安全治理的过程中，应当关注数据流动和数据开放的经济社会价值，推动数据开放，同时必须高度关注数据安全问题。② 因此，构建符合法治要求的体系清晰、内容全面、可预测性强的立法体系，寻求数据安全与数据流动之间的平衡非常有必要。数据安全治理涉及互联网经营者、使用人、社会、政府监管部门等众多不同主体，对不同主体的权利义务的设定，界定不同主体之间的相互关系，数据安全与数据流动的模式，不同主权国家之间如何实现竞争合作等问题，都需要通过法律制度的设计来逐步解决。笔者认为应该推动我国数据安全治理领域的立法完善，尤其以2020年《中华人民共和国民法典》（以下简称《民法典》）中人格权编统一立法为契机，来完善个人数据保护方面的立法，为数据安全治理奠定完善的法律制度保障。

数据安全治理应贯彻数据的整个全生命周期，涵盖了数据的收集、数据存储、数据修改、数据的使用、数据的公布与数据删除等过程，③ 在法律框架内设计公平的数据规则和行业指南，才能有利于我国的数字经济的发展及电力石油等能源产业、银行金融业等传统产业的升级改造。不能片面强调数据安全，而忽视了数据流动的价值。否则过度的强调专网建设、数据不共享、切断数据的互联互通等做法会阻碍数据的流动，大量的数据资源无法充分实现其经济价值，增加社会交易成本，降低经济发展的效率，在数字经济浪潮中失去快速发

---

① 吴沈括："数据跨境流动与数据主权研究"，载《新疆师范大学学报》（哲学社会科学版）2016年第5期，第112～119页。

② 徐汉明、张新平："网络社会治理的法治模式"，载《中国社会科学》2018年第2期，第48～71页。

③ 冯登国、张敏、李昊："大数据安全与隐私保护"，载《计算机学报》2014年第1期，第246～258页。

展的机遇。① 因此，应当加强数据安全治理的组织建设和技术支撑，成立数据安全治理的专业组织机构，培养数据安全治理的专业人员，在政府机构、企业法人、其他组织均建立完整的数据安全预警、处理、备案审查等全过程的防控体系。同时鼓励数据访问管控技术、数据存储加工加密技术、数据访问异常行为分析技术等数据安全治理的技术研究和创新应用。

（3）构建数据安全治理立法的合理内容。这些内容应当涵盖：一是数据、个人数据、个人信息、敏感数据、数据安全等基本概念和数据类型的基本分类。二是根据公法和私法主体的区分，界定数据安全治理领域中的公法主体及企业、自然人等私法主体的范围。三是在区分数据安全治理公私主体的基础上，对各自的权利和义务进行详细规定。四是数据安全治理的例外情形。例如，个人数据收集限制原则的例外情形：② 根据法律规定，具有法定权限的权力机关、司法机关和行政机关，为了实现特定的公共利益，通过法定程序，可以在法定职权范围内收集并使用个人数据。例如，《中华人民共和国居民身份证法》第三条就明确规定了在进行居民身份证登记时，应当向进行户籍管理的行政机关依法登记的具体事项，除了姓名、性别、民族、出生日期、常住户口所在地住址、公民身份号码等个人数据外，还包括公民的面部照片、指纹信息等生物数据。同时规定，公民如果需要申请领取、换领、补领居民身份证，进行户籍管理的行政机关可以在法定权限范围内收集公民的姓名、性别、民族、出生日期、常住户口所在地住址及指纹、面部照片等生物数据。还有法定的特殊情况，如研究机构和组织出于科研目的对个人数据的加工使用；新闻媒体为了维护社会安全等公共利益，可以收集使用个人数据等。五是规定承担法律责任的法定情形。六是规定数据财产权的确权和赋权。对数据确权进行统一规定，并减少交易成本，侧重通过私法规则进行调整。③

六、缺乏有效的数据分类和分级管理制度

（一）分类管理是数据安全治理的基础

数据成为新兴经济的重要助推器，它不仅深刻影响未来的经济产业形态，

---

① 张春艳：" 大数据时代的公共安全治理"，载《国家行政学院学报》2014 年第 5 期，第 100 ~ 104 页。
② 齐爱民：" 个人信息保护法研究"，载《河北法学》2008 年第 4 期，第 15 ~ 33 页。
③ 付伟、于长钺：" 数据权属国内外研究述评与发展动态分析"，载《现代情报》2017 年第 7 期，第 159 ~ 165 页。

对现代经济发展模式产生革命性的重塑作用。① 例如，电子货币的流通将改变银行金融业传统的行业结构及发展模式。同时也为人们的日常生活带来难以想象的巨大变化。按照不同的数据类型进行分类，根据数据敏感或者重要程度进行分级，并依照数据类型和敏感级别进行分类管理是数据安全治理工作顺利推动不可或缺的基础性工程。而纵观我国的数据治理现状，数据的类型不明确、敏感数据的确认标准不确定、不同法律政策对敏感数据的界定区别较大等情况普遍存在。不仅是政府所拥有的政府数据、行业协会或者行业主管行政机关所拥有的行业数据，甚至企业所生成、存储或者流转的企业数据及个人数据普遍缺少清晰的分类标准，也未建立起完备的分级治理制度，无法为不同领域场景进行数据安全治理提供可操作的标准规范。这都加大了对敏感数据或者重要数据的识别、标识和管理的难度。

（二）数据的一般分类

从世界范围来看，各国尤其是欧美等发达国家和地区在数据治理中重点关注政府数据、个人数据、重要信息基础设施或者重要基础设施的行业或者企业数据及影响国家公共安全和国家利益的重要敏感数据。② 例如，按照数据的重要程度进行划分，可以将数据分为保密数据、敏感数据与公开数据三种类型；按照数据持有主体的不同，可以分为个人数据、公共数据和其他数据，其中个人数据又可以分为敏感数据和非敏感数据等。应当按照数据的不同种类采取分类管理措施。

美国高度重视数据的分类和分级管理，专门建立了受控非密信息清单制度。③ 尽管敏感数据不属于国家秘密，但敏感数据与国家重要基础设施或者国家产业核心竞争力密切相关，一旦公开流转，极有可能对国家公共利益或者产业发展、社会稳定产生负面影响。因此对敏感数据的流转必须进行相应的管控。美国将该类数据定义为"受控非密信息"，即"根据法律、法规和政府范围内的政策，需要进行保护和控制传播的信息"。④ 从而对该清单中列举的受控非密数据进行专门标识，并按照清单进行分级管理，对受控非密数据的流转和使用

---

① 茶洪旺、郑婷婷："中国大数据产业发展研究"，载《中州学刊》2018年第4期，第19~25页。

② 周水庚、李丰、陶宇飞、肖小奎："面向数据库应用的隐私保护研究综述"，载《计算机学报》2009年第5期，第847~861页。

③ 陆明远、张雯婷、王馨蕊、苗淼："美国定密策略的重新调整——以CUI为例"，载《保密科学技术》2019年第3期，第48~56页。

④ 廖璇、陈浠："数据出境安全管理制度研究及启示"，载《信息安全与通信保密》2018年第12期，第17~20页。

范围进行管控，即使是对非敏感数据也要进行评估。

我国缺少对数据的详细分类及具体的分类管理制度，对非个人数据的界定及如何合理有效地流动、何种情形允许有权机关进行访问等缺少明确规定，仍需全国人民代表大会及其常务委员会在数据安全立法规划中予以增加。[①] 并在数据权利体系中增加自然人个人的数据可携带权，加强对个人隐私数据的控制与监管，增设非个人数据迁移权，促进非个人数据的自由流动，实现不同数据平台之间的跨越，从而为数据经济的发展奠定基础性条件。

在我国未来的数据安全治理中，必须通过标准体系或者法律政策的形式，对数据的类型进行综合分析、整理归纳，最终确定不同的数据类型。并在此基础上，依据不同的数据类型、数据使用的不同场景、数据的所有和使用主体等，明确不同数据类型及使用场景的分级管理制度，制定明确的数据判断和识别方法，为政府、企业及个人提供具体的操作规程，从而保证数据认定和制作的标准化、实现数据制式的互换性；与此同时，根据数据分类分级管理的要求，配备专业的数据识别管理人员（如数据专员或者首席数据官等）、组建完整的数据治理组织体系，并配备专业的设备及专门的资金保障等。

---

① 胡炜："跨境流动立法的价值取向与我国选择"，载《社会科学》2018 年第 4 期，第 95～102 页。

第二章

域外数据安全治理概述

第一节 域外数据安全治理概述

随着跨领域的、各种类型的海量数据,被不同的主体实施收集、存储、加工、使用和销毁等技术操作,如何防范敏感数据的泄露风险,促进数字经济发展和技术创新,实现数据开放和数据安全的平衡,政府的数据安全治理能力和手段需要提升转变。[1] 因此,应当培养数据治理的开放共享等思维,改变传统社会治理模式的封闭性和单项性,转向开放共治和多主体协同治理。同时通过对数据技术深度学习和数据挖掘,实现对海量数据的深度分析处理,并且对不同数据进行关联整合比对,从而能够精准分析某事件或者某主体的整体特性,准确预测某事件的发展趋势。所以,"深入挖掘和有效利用数据治理新思维与数据技术提高政府社会治理效率和能力,实现社会治理的决策方式、管理程序、治理模式的提升,改进公共服务综合水平,推动政府社会治理能力和治理水平的现代化"。[2]

我国数字经济的发展迅猛,互联网等数字资源的渗透率较高,相比较而言,数据安全治理的时间尚短,相关立法的完备程度相对不够,安全治理政策的操作性也较弱,但数据安全治理的制度建设、措施手段及能力效率均有很大的提升空间。以开放的心态借鉴其他国家在数据治理领域的经验,共享数据经济全

---

[1] 唐斯斯、刘叶婷:"以'数据治理'推动政府治理创新",载《中国发展观察》2014年第5期,第34~36页。

[2] 黄璜:"对'数据流动'的治理——论政府数据治理的理论嬗变与框架",载《南京社会科学》2018年第2期,第53~62页。

球化带来的丰硕成果，并将数据技术的进步与社会主义核心价值观相融合，数据流动与数据安全齐头并进，数据开放共享与社会治理协同推进，才能够构建我国数据安全治理的制度系统，从容应对数据安全问题和数字社会治理面临的挑战。

第二节　美国数据安全治理的制度框架

一、美国数据安全治理概述

美国学界认为："数据治理的宗旨是有效地使用组织机构的结构化或非结构化的数据资产，因而进行组织设置和法律政策实施、监管流程、制定实施标准的实践活动。"[1] 简言之，数据治理是如何通过有效的组织架构、制度设计保证有效的数据安全治理，从而最终保障数据资产经济价值和社会价值的实现。

美国数字经济发展迅速，处于数据技术的创新前沿，数据技术创新生态系统非常完善，在数据技术的研发实力、数据产业链条的布局、数据安全监管等领域均处于世界领先地位。美国不仅拥有掌握数据核心技术的跨国公司，如Facebook、微软、亚马逊等，其大量的中小型初创公司（如大数据云计算领域的Palantir、Cloudflare公司，在线电子支付公司Stripe，专注于为企业级用户提供大数据存储服务的公司Actifio等）在数据技术应用方面的创新优势也不可忽视。[2] 同时，大数据的浪潮也改变了美国的信息产业的发展模式，向数据产业和领域迅速转型，金融、交通等传统产业也拥抱数据技术，从而产生了电子货币、自动驾驶汽车等新兴业态。美国注重市场经济自由及市场主体自我管理等基本理念，数据经济的完整产业链条已经形成。美国更通过一系列的国家战略、政府行政指令、法律政策等，对数据全生命周期的各个环节进行了规定，数据安全治理的法律政策体系比较完备。

数据是互联网平台的重要生产要素，美国数据安全监管机构意识到充分的实现数据开发共享对经济社会发展、促进科技创新、保障美国在数据行业领域的领先地位具有重要价值。美国数据安全治理的基本理念是国家设计数据产业

---

[1] Otto B. Organizing Data Governance: Findings from the Telecommunications Industry and Consequences for Large Service Providers. Communications of the AIS, 2011 (29).

[2] 李睿深、缑珊珊、梁智昊："美国大数据治理的中国启示"，载《科技中国》2017年第10期，第23~29页。

和数据安全治理的法律制度和规则体系，同时根据数据产业的发展进行调整；①国家鼓励企业、科研机构加大数据技术的研发，产业发展和技术运用主要依靠市场机制来调整。政府资金的投入通常局限于国家安全、卫生防疫等不宜由市场主体进行科研开发的领域。

数据安全监管机构依靠传统单向的行政管制无法真正实现数据安全治理的效果，因此美国注重多元主体的协同共治。数据安全监管机构与数据经营平台达成互信，采取和解、协商等监管协议的形式，②敦促数据经营平台在规定期限内，审视、修改自身的数据规则，主动进行数据安全与隐私保护等方面的技术升级，同时对平台产生或者收集利用的海量数据内容进行审核、过滤。这种监管方式兼顾了监管效力和灵活性，一方面防止数据安全问题对国家安全、社会安全及个人隐私产生负面影响，另一方面又避免出现因过度严厉的监管措施损害数据产业的发展。

二、美国数据开放的治理制度框架

美国数据开放的治理制度框架包括三个部分：数据开放的政策法律依据、数据开放的基本制度、数据开放的主要监管机构。美国是开放数据领域的全球领导者之一，其治理制度的设计为许多国家所效仿。美国数据安全治理主要包括：数据开放、个人数据隐私保护、政府信息公开、数据资源管理等领域。由于涉及的领域不同，因此各自的治理重点和治理组织机构、治理手段和方式也存在较大差异，相互之间也有交叉融合。

（一）美国数据开放依据的主要法律政策

美国数据开放依据的主要法律政策包括 2019 年《开放政府数据法》《Open, Public, Electronic, and Necessary Government Data Act》《美国开放数据行动计划》《开放政府数据法案》备忘录、《透明与开放政府》（TOG）、《开放政府指令》（OGD）等。③尤其是 2019 年颁布生效的《开放政府数据法》，成为美国政府数据开放方面的一项重大成就。该新法案的制定充分结合了数字技术的创新要求和数字经济的发展特点，将政府数据的开发利用视作增强国家综合实

---

① 黄璜："美国联邦政府数据治理：政策与结构"，载《中国行政管理》2017 年第 8 期，第 49~58 页。

② 郑颖、申玉兰："中国信息网络安全监管法治建设路径探析——基于国际比较的视野"，载《河北学刊》2014 年第 5 期，第 96~99 页。

③ Gregory A, Hunter K. Data governance-Protecting and unleashing the value of your customer data assets [J]. Journal of Direct, Data and Digital Marketing Practice, 2011, 13 (1): pp. 40–56.

力的战略举措。

（二）美国政府数据开放机构设置

根据《开放政府数据法》的要求，除非有特殊情况，所有联邦政府机构公布所有非敏感的政府数据都必须公开，并转变为公众可以查阅的格式。"机器可读"格式意味着政府数据应当以一般公众能够获取的、操作简单便捷的方式，数据能够通过普通智能手机、电脑或其他移动设备读取，数据内容通常的范围是任何不涉及公众隐私或国家安全的"非敏感"信息。同时该法还要求每个联邦政府机构开发和维护数据清单。该法案还要求各联邦机构任命一名首席数据官来监督所有开放数据的工作。并要求设立首席数据官及其委员会制度，每个联邦政府机构指定一名首席数据官，由其负责该部门全生命周期的数据管理和其他指定工作，其直接向所在的联邦机构的行政首长负责。该法案的最大进步在于通过政府数据开放改善公共服务效率，加快经济模式和技术创新，提升以数据为核心的决策过程，同时落实问责制和提升行政管理透明度。[1]

首席数据官一般要求具备数据治理的技术背景和工作经验，例如，审查数据格式，监控数据收集、使用、存储等流程，进行敏感数据的识别等。首席数据官的职责范围通常包括：制定数据标准化措施，对本部门不同的数据格式进行统一；负责不同部门之间的数据共享及数据流转；对本部门数据开放的政策进行审查，并负责向首席数据官委员会报告；审查本部门的数据技术应用的软件和硬件设施；负责审查公众访问方式，减少政府数据向公众开放的技术和政策障碍等。首席数据官真正实现数据全生命周期的安全治理，需要对更多的项目进行数据共享分析，努力弥合公共数据和私有数据之间的差距，并且清晰定义首席数据官的功能和机构权限范围。同时，还需要完成基础架构的更新，包括数据提取、管理和规范化的技术工具，用于跟踪数据集的项目工具箱以及适用政府自动化决策过程的解决方案等。[2]

首席数据官委员会设立在管理与预算办公室，成员为：联邦机构的首席数据官、首席信息官等，委员会的宗旨在于推动政府数据的开放，并促进政府数据的有效生成、流转、使用、保护及传播，评估不同部门的数据开放政策，确

---

[1] Thompson N, Ravindran R, Nicosia S. Government data does not mean data governance: Lessons learned from a public sector application audit [J]. Government Information Quarterly, 2015, 32 (3): pp. 316 – 322.

[2] Brous P, Janssen M, Vilminkoheikkinen R. Coordinating Decision – Making in Data Management Activities: A Systematic Review of Data Governance Principles [C] // International Conference on Electronic Government & the Information Systems Perspective. Springer, Cham, 2016.

定与政府数据开放相关的技术方案和项目要求，促进公众、企业等私人主体与政府机关在数据开放和利用中的互动。

管理和预算办公室的职责是发布《开放政府数据法》实施的具体政策指导。《开放政府数据法》为联邦数据技术的现代化工作奠定了基础，各联邦机构应当根据法案的要求建立一份本机构数据的综合清单，并实时向管理和预算办公室提交数据清单。同时管理和预算办公室会创建与数据开放政策相关的问题列表，要求联邦机构结合数据开放的实施解决这些问题。管理和预算办公室的职责还包括出台法案实施的指导手册，包括：对尚未建立首席数据官的联邦机构进行支持帮助，界定首席数据官的岗位职责，对首席数据官与联邦机构的首席信息官，隐私专员及证据团队的合作方式进行具体解释等。管理和预算办公室还承担统一制定联邦机构的收费目录和收费标准，并对各联邦机构的收费实施情况进行监督，听取各联邦机构的数据安全治理的工作报告等。同时为各机构提供统一的收费指南和收费目录，而各机构制定的收费标准必须和 OMB 一致。①

三、美国个人隐私数据保护制度

美国对个人隐私数据主要纳入隐私权进行保护。隐私权的定义非常难以界定，而且在不同的社会，隐私、不被其他人发现或者不被公开的敏感和私密事项都不尽相同。但是现代社会都将隐私权视作是自然人的一项基本权利，与人格尊严、权利的完整性密不可分。② 隐私数据涵盖的范围非常广泛，包括了消费者数据、信用报告、工作场所的隐私、保护未成年人不受公众的关注、疾病及医疗数据等。而核心的隐私数据通常与自然人的私人生活领域相关，为不愿被其他人获知或者公开的私密数据。③

（一）美国个人隐私数据保护的法律依据

早在 1974 年美国就制定了世界上最早的一部隐私权保护的法律《家庭教育和隐私法》，详细规定了隐私权的权利体系、权利主体、公权力机关保护隐私权的义务及隐私权受侵犯后的救济措施，从而严格规范政府公权力机关对个人

---

① Coleman D W, Hughes A A, Perry W D. The Role of Data Governance to Relieve Information Sharing Impairments in the Federal Government [C] // Wri World Congress on Computer Science & Information Engineering. IEEE Computer Society, 2009.

② Enerstvedt O M, Enerstvedt O M. Aviation Security, Privacy, Data Protection and Other Human Rights: Technologies and Legal Principles [J]. 2017.

③ 李春华、冯中威："欧盟与美国个人数据保护模式之比较及其启示"，载《社科纵横》2017 年第 8 期。

信息的收集方式，如何存储、公开模式和范围，利用和传输的模式等具体内容。随着互联网技术的普及，美国陆续颁布了大量的隐私立法和政策，[①] 主要有1966年《信息自由法》、1974年《家庭教育和隐私法》、1998年《儿童上网隐私保护法》、1999年《互联网保护个人隐私政策》、2002年《个人隐私与国家信息基础结构》、2012年《消费者数据隐私保护法案》、2015年《消费者隐私权利法案》、2018年《加州消费者隐私法案》等。其中，2016年美国公布《国家隐私研究战略》，该战略的核心内容是通过技术设计、管理方式、法律制度、监管措施促进对个人数据隐私的保护，加强防止个人隐私数据泄露、个人隐私数据补救、个人隐私数据的恢复等技术措施，改善个人数字隐私管理控制系统的设计，提升个人隐私数据收集、存储、共享、流动、使用及删除等程序透明度，确保互联网平台或者商业用户的隐私规则符合个人隐私数据保护的目的，对分析算法引发的个人隐私数据风险进行分析评估等。[②]

2018年《加州消费者隐私法案》采取更为严厉的隐私保护措施，将建立法定程序保障消费者根据该法案获得新的数据权利，并为企业提供有关如何遵守的指南。这些新权利包括消费者对商业机构收集个人数据进行访问、删除和共享的权利。同时对于商业机构收集、储存、共享个人数据的行为进行严格的监管，提升了罚款的上限，增加了商业机构的"通知"义务等。

但是总体而言，美国对个人数据隐私的保护，通常会考虑商业利益和个人隐私的平衡，针对存在多方利益相关人的情况，根据相关原则，更强调建立商业机构自愿可执行的守则，并且是在特定商业背景下才适用关于消费者隐私的法案。内容涵盖了美国消费者隐私政策框架、网络世界中的消费者数据隐私、在全球数字经济中保护隐私和促进创新的框架等制度内容。它的重要意义是作为多方利益攸关方谈判的基础，以实施关于特定隐私问题的行为准则，以及与联邦贸易委员会隐私报告一起作为美国在特定行业中保护隐私权的最佳实践。

（二）美国个人隐私数据的保护范围

不同国家对隐私数据的保护范围和制度设计不同。美国《家庭教育和隐私法》中列举的隐私数据范围非常窄，其中的个人隐私数据主要指与特定人专属的信息或者信息集合，包括了教育经历、信用记录、收入情况、疾病医疗记录、

[①] Zeng L, Shi Z, Xu S, et al. SafeVanish: An Improved Data Self - Destruction for Protecting Data Privacy [C] // Cloud Computing, Second International Conference, CloudCom 2010, November 30 - December 3, 2010, Indianapolis, Indiana, USA, Proceedings. IEEE, 2010.

[②] 曹建峰："全球互联网法律政策趋势研究"，载《信息安全与通信保密》2019年第4期，第49~56页。

犯罪记录、身份识别或者社会保险号码等，以及其他专属特定人的生物数据，例如，指纹、DNA、面部特征等。① 美国隐私权保护的立法政策对个人数据隐私的相关概念进行了界定，并设置了明确的数据隐私保护机构和职权范围，同时规定了监管机构的隐私数据保护义务、个人数据权利的内容、隐私数据保护和豁免原则、隐私数据评估机制等，并逐步建立了多元主体参与、侧重行业自律和协同治理的"安全港"数据保护模式。② 与此同时，美国也承诺提高与其他国家和地区的沟通程度，主要是要和欧洲的相关隐私保护框架尤其是 GDPR 隐私保护框架具有互通性，便于各方操作。

（三）美国政府数据隐私保护的机构设置

美国政府数据隐私保护的机构分散设置在不同的职能部门，但是统一执行《家庭教育和隐私法》的具体规定，发挥各自的数据监管优势，在数据全生命周期保护个人隐私数据。其中美国白宫的管理与预算办公室是隐私数据保护的核心监管机构，其职能是全面负责对《家庭教育和隐私法》的实施制定引导规则，同时支持其他部门的数据隐私保护行动。

管理与预算办公室通过《高级机构隐私官的任命》备忘录，要求联邦机构设置高级隐私官，由首席信息官担任该职位，职责内容为负责处理本机构涉及个人数据隐私的问题。2016 设立的联邦隐私委员会侧重在数据收集环节加强对自然人数据隐私的保护，同时协调不同联邦机构的首席信息官的工作，并联系首席信息官委员会。而数据完整性委员会的主要工作是防范数据存储环节的隐私泄露风险，并负责对数据项目的数据审查和批准。③ 在行政执法阶段，主要由联邦贸易委员会负责，但也可以由国家总检察长负责执行。例如，2018 年《加州消费者隐私法案》中明确规定由加州总检察长负责行政执法。

四、美国行政信息公开的制度概述

（一）美国行政信息公开的法律依据

美国信息公开领域有 4 部关键性法案：1967 年《信息自由法》、1972 年《联邦咨询委员会法》、1976 年《阳光下的政府法》、1996 年《电子信息自由

---

① Privacy act 1988 [EB/OL]. https://www.legislation.gov.au/Details/C2016C00278.
② 陈朝兵、郝文强："美英澳政府数据开放隐私保护政策法规的考察与借鉴"，载《情报理论与实践》2019 年第 6 期，第 159～165 页。
③ Prasanna B L N, Wibowo S, Wells M. Data Security and Privacy on the Cloud: Driving to the Next Era of Technology with Confidence [C] // International Conference on Mobile & Wireless Technology. Springer, Singapore, 2017.

法》。《信息自由法》奠定了美国行政信息公开的整体制度体系和法律基础,也首次在立法上明确了公民有权获得政府信息,同时也将信息公开规定为联邦行政机关的法定义务,从而根本改变了以前行政信息难以真正公开、公民取得政府信息缺乏法律制度保护的问题。该法明确规定联邦行政机关几乎所有的信息及记录都应当通过合适的形式予以公开,并对信息公开程序做了强制性规定。此外,《信息自由法》还规定了信息公开的豁免事项,其中明确规定了9类事项在法定条件下可以不公开。尽管美国联邦《信息自由法》在实施过程中也受到了信息公开的效率低、公开信息未提供全部内容、司法审查不足等批评,[①]然而,行政信息公开是政府法治的重要途径,也是行政法领域中关键性程序制度。它一方面能够保障公民知情权和监督权的实现;另一方面又能够促进行政主体与公民之间的沟通交流,提升行政效率。[②] 同时,行政信息公开能够促进信息数据的流通,保障实现信息的经济价值。"缺少信息公开,公众难以对行政行为进行清晰了解,难以切实监督行政权力的行使,难以真正实现民主政治的透明度和责任制的落实,公民个人的隐私权也无法得到有效保护,长此以往,将损害个人的自由,破坏民主政治进程"。[③]

(二)美国行政信息公开的范围

"信息公开为原则,不公开为例外"成为现代社会对政府信息公开的基本要求,同时也成为现代法治社会的理念之一。[④]《信息自由法》中对信息公开范围的规定也遵循了这项基本原则,明确列举了除国防、外交政策等9项法定情形之外其他信息都不得以影响行政效率、涉及公共利益或者行政主体的其他理由不公开。[⑤]

(三)美国行政信息公开的组织机构

根据《信息自由法》的规定,美国联邦行政机关的信息公开,由国家总检察长(司法部部长)承担整体推进责任。《情报自由法》适用于全部美国联邦

[①] 高秦伟:"美国政府信息公开申请的商业利用及其应对",载《环球法律评论》2018年第4期,第137~153页。

[②] 杨钰祺、陈朝兵:"谈政府数据开放与政府信息公开的概念界定及其比较",载《信息系统工程》2019年第7期,第32页。

[③] 应松年、陈天本:"政府信息公开法律制度研究",载《国家行政学院学报》2002年第4期,第60~65页。

[④] 赵宏:"从信息公开到信息保护:公法上信息权保护研究的风向流转与核心问题",载《比较法研究》2017年第2期,第35~50页。

[⑤] 胡锦光、王书成:"美国信息公开推定原则及方法启示",载《南京大学学报》(哲.人文科学.社会科学版)2009年第6期,第34~42页。

行政机关。随着《家庭教育和隐私法》颁布实施，该职责由司法部设立的信息自由和隐私办公室承担。美国联邦行政机关根据本机关行政信息公开的法定义务，制定信息公开的范围、申请方式和程序、救济途径等实施细则。同时，随着《电子信息自由法》的实施，绝大多数的联邦行政机关将信息公开的法律规定和实施细则刊登在其网站上，为申请者提供详细的申请指南和相关法律政策说明，方便申请者查询信息及选择救济途径。

《信息自由法》同时要求联邦行政机关对本部门的信息公开进行总结，制定信息公开年度报告，并提交给司法部。《信息自由法》授权司法部对《信息自由法》的总体实施情况、信息公开诉讼的基本情况及司法部采取的信息公开鼓励措施向国会进行报告，并在司法部网站公示年度报告。

根据《信息自由法》和《电子信息自由法》的规定，"行政机关"的范围非常广泛，只要承担行政职能的机关都被定义为行政机关，包括总统行政办公室、联邦内阁部门、独立监管机构以及行政机关设立的公营组织等，[①] 但是不承担行政职权的咨询机构除外。《信息自由法》的适用范围为联邦行政机关，但是不适用于选举产生的联邦政府官员（例如，总统或者国会议员）等，同样也不适用联邦最高法院及国会两院。私营企业或者组织及接受联邦政府资助的私人组织、联邦地方政府及立法机关也属于《信息自由法》的适用范围。[②] 联邦各州依据本州的州立法来确定行政信息公开制度。

《联邦咨询委员会法》则将行政信息公开的主体范围扩大到咨询委员会。联邦咨询委员会通常属于根据联邦立法或者部门重组而产生。《联邦咨询委员会法》的主要内容是规范联邦咨询委员会的运作，并通过公开会议和报告强调和保障公众参与及信息公开制度。同时，为了更好地维护信息公开，《联邦咨询委员会法》要求联邦行政机构在建立新咨询委员会之前必须仔细考虑设立的必要性。获得行政机关全权委托的咨询委员会的期限一般规定是两年，两年期限届满必须终止该委员会。例外情形是委员会在两年期满之前，行政机关修改该委员会的章程。此外，联邦行政机关必须在咨询委员会的行政职权完成后终止该委员会。除了某些法律规定的特定情形外，联邦咨询委员会的所有会议记录都必须对公众开放，并在《联邦公报》上公布。咨询委员会的报告、简报、

---

① 周汉华："美国政府信息公开制度"，载《环球法律评论》2002年第124期，第274~287页。

② 李云驰："美国、英国政府信息公开立法的比较与借鉴"，载《国家行政学院学报》2012年第3期，第103~106页。

工作文件和其他准备材料都必须向公众公开。①

《阳光下的政府法》通过进一步扩大行政信息公开的行政主体范围及会议公开制度，实现了对行政信息公开制度的补充与完善。《阳光下的政府法》将公开会议制度的适用范围扩大到所有的联邦行政机关。② 许多联邦行政机构尤其是独立监管机构实行合议制领导方式，这些机构的行政决策通过董事会或委员会成员讨论或者投票的形式来作出。例如，联邦贸易委员会是采用五人合议制度来作决定。为防止此类会议和行政决策决定的秘密举行，美国国会于1976年通过了《阳光下的政府法》，明确规定50个联邦行政机构包括独立监管机构必须遵守公开会议原则，受该法律约束。同时，《阳光下的政府法》也规定了公开会议豁免所必须遵循的程序规定，允许联邦行政机关为保护国家安全或其他可能影响行政行为的情况下召开秘密会议。同时联邦行政机关为了诉讼的需要，也可以秘密讨论诉讼代理事项或者代理机构的未决或预期的诉讼。

第三节　欧盟数据安全治理的制度框架

一、欧盟数据安全治理概述

欧盟对数据经济和数据治理非常重视，陆续颁布系统的法律规范，以促进数据治理体系的逐步完善，同时用比较完善的法律制度规范个人隐私保护、数据安全保护的同时，保障数据合理合法流动和利用。相对于美国的行业自律模式，欧盟的数据治理采用统一立法模式，即通过制定统一立法的形式，对数据治理的数据收集、存储、应用、流转等各个领域进行规范，并且明确规定相关主体的权利义务和相关关系。③ 互联网空间超越国家和个人的物理边界，全球范围内的数据流动可能会对单个国家尤其是网络安全基础设施或者管理较弱的国家的数据安全提出严峻挑战。数据安全治理属于非常复杂的议题，因此如何分配数据安全的监管责任，保障数据安全治理效果成为欧盟及其成员国参与和

---

① 闫霏：“国内外政府信息公开法律体系比较研究”，载《情报科学》2012年第3期，第132~136页，第157页。

② 万鹏飞、饶诗韵：“美国联邦政府政务公开制度的实践及启示"，载《经济社会体制比较》2006年第2期，第81~89页。

③ 李春华、冯中威：“欧盟与美国个人数据保护模式之比较及其启示”，载《社科纵横》2017年第8期，第89页。

决策的重点。欧盟数据安全治理的模式对于统一数据安全治理的立法政策非常有利，在数据治理的某个议题上的法律政策通常由欧盟拟定重要法律法规的草案，由成员国根据本国情况进行补充后，再经过各欧盟成员国的充分讨论，最后由欧盟或者其超国家机构发布。

欧盟及其成员国制定颁布的法律法规和指令主要包括：在个人数据隐私保护领域的《通用数据保护条例》《涉警务司法目的数据交换指令》，与美国签订的《欧美隐私盾协议》等。在成员国数据隐私保护里具有典型意义的立法为《德国联邦数据保护法》及《法国隐私法》等；在数据开放和数据流动领域主要的立法和提案为 2017 年欧盟颁布的《非个人数据自由流动框架条例》（提案）、法国制定的《透明和协作公共行动：法国 2018—2020 年国家行动计划》以及德国颁布的《联邦政府实施 G8 开放数据宪章的国家行动计划》等；在网络数据安全保障领域主要的立法则为欧盟 2019 年制定的《欧盟网络安全法案》《网络与信息系统安全指令》以及法国制定的《法国国家数字安全战略》等。①

二、欧盟数据安全治理的领域

（一）个人隐私数据保护领域

相对于美国更侧重保障经济自由及数字技术创新，欧盟则更重视数据权利。这根植于人权的基本理念，从而更为重视对人的权利的保障。在法律制度的构建上，（欧盟）极为关注个人数据权利体系和个人数据尤其是隐私数据中所蕴含的隐私权、个人尊严，数据流动对言论自由的促进作用等人权内容和价值。两者在立法模式的选择上也有非常大的区别，美国个人隐私数据保护分散于不同的部门法中，主要侧重通过民法方式来保护数字隐私，执法机关也比较分散。而欧盟却采用统一立法模式，该立法模式的优势在于在数据权利保护这样的全新领域，能够快速高效地制定法律规则，避免出现法律调整的空白。同时该模式能够实现个人数据隐私保护的多层次立法规范之间的统一性，防止出现个人数据隐私保护法律规则的矛盾和冲突。

欧盟历来重视个人数据隐私保护法律制度体系的构建，并独创了诸多新型法律规则和权利类型，成为各国构建个人数据保护法律体系学习的楷模。同时，欧盟最早意识到数据开放和跨境自由流动的价值，并重视取得个人数据隐私及数据流动价值之间的平衡。欧盟《通用数据保护条例》及《涉警务司法目的数据交换指令》的颁布生效，引发了全世界个人数据隐私保护的立法浪潮。其设

---

① 吴沈括、霍文新："欧盟数据治理新指向：《非个人数据自由流动框架条例》（提案）研究"，载《信息安全与技术》2018 年第 3 期，第 30~35 页。

定的个人数据的定义和范围、个人数据隐私保护主体涵盖商业机构和公共机构、个人对隐私数据控制权利及对未成年人数据隐私的重点保护、法律效力及于以欧盟及其成员国作为客户的外国公司等均为其他国家所效仿。[①] 这些新型的权利包括访问权、拒绝权、更正权、删除权、被遗忘权等。尤其是首次提出数字时代个人应当享有的被遗忘权、删除权、数据携带权等新型"数字权利",具体规定了这些新型权利的定义、权利主体和义务主体,权利的行使方式以及限制等内容,极大地扩展了传统的权利体系,同时为这些权利的行使制定了详细具体的法律制度。严格的法律责任也是《通用数据保护条例》的重要特征。

除了《通用数据保护条例》外,欧盟还颁布实施了《欧盟电子隐私保护条例》作为《通用数据保护条例》的补充,适用于 Cookie 小程序设计、互联网网址溯源追踪、网络爬虫等情形下对收集使用个人数据的监管。此外还颁布了《欧盟电子身份框架》来保护电子身份安全。但是该模式也存在明显的缺点,主要是个人数据隐私保护领域的技术更新非常迅速,统一立法模式难以全面考虑个人数据的所有应用场景,因此也无法真正提供针对性的法律保障措施。

（二）数据产权和数字经济交易的规则领域

"数据产权是对数据资源的最初配置,通过产权的设计制度,从而明确数据资源的所有权、使用权、收益权等权利的归属,并为数据资产的市场交易制度奠定基础"。[②] 欧盟对于人工智能生产的数据进行保护,为其设立数据产权保护制度,从而规范各种类型数据产权的设定原则、市场交易规则以及数据流动和共享机制。2019 年欧盟正式颁布《数字化单一市场版权指令》并生效,成为欧盟数字产权和数字监管领域的重要法律依据,更好地在数字经济时代保护内容原创者的合法权益。

（三）数据跨境流动领域

1. 欧盟非个人数据的跨境流动

数字经济与数据市场化全球化的发展趋势,各国数据本地化则会阻碍数据的自由流动,影响数字技术创新、产品研发、数字服务贸易等发展,因此《欧盟非个人数据自由流动条例》旨在建立非个人数据的自由流动规则,从而减少并逐步废除数据本地化的现象,同时支持各成员国建立数据迁移权或者数据携带权的实施规则,对法定机关以法定方式访问特定数据设立准则。同时对该条例的实施采取定期评估制度,并协调处理成员国之间在数据流动中的法律政策

[①] 吴沈括、李雨鑫:"GDPR 时代的数据共享治理路径",载《信息安全研究》2018 年第 7 期。
[②] 曹建峰、祝林华:"欧洲数据产权初探",载《信息安全与通信保密》2018 年第 7 期。

不一致等。①《欧盟非个人数据自由流动条例》的宗旨是扩展和整合欧盟数字经济，从而最终实现欧盟数字单一市场这一更宏伟的战略目标。

《欧盟非个人数据自由流动条例》对非个人数据的界定是与《通用数据保护条例》进行关联的：非个人数据是指《通用数据保护条例》第四条规定的个人数据之外的任何数据（即与已识别或可识别的自然人有关的数据）。主要包括两类：一是经过大数据分析的汇总和匿名化处理的数据集；二是与自然人无关的数据类型，例如，关于农业、工业、服务业等精确数据，可以帮助监测和优化资源使用，并提高设备使用效率，或者与工业机械维护需求有关的数据等。根据该条例的内容，禁止欧盟成员国对非个人数据的存储、处理、收集进行本地化限制。数据本地化的限制方式有多种形式，其中包括立法要求，例如，要求在特定国家或者地区生成的或与特定国家或者地区居民或公司有关的数据，必须在该国家或者地区进行处理和存储等。因此，对于非个人数据，市场主体或者公共机构将能够在欧盟的任何地方处理和存储，而不受成员国的干扰或限制。同时，该条例规定了公共安全的例外情形，只有当欧盟成员国能够证明数据本地化限制措施是基于公共安全理由，并且采取的措施具备合理性，才可以豁免。但是，为了使用该豁免，欧盟成员国必须将任何剩余的或提议的数据本地化限制措施向欧盟委员会提交，并说明这种限制的理由。该法规通过对数据本地化的限制，从而消除数据主管部门对非个人数据自由访问的监管障碍。无论相关数据在欧盟成员国的任何位置，都能确保主管部门对此类数据的访问。②

与《通用数据保护条例》的行政监管模式不同，《欧盟非个人数据自由流动条例》还通过促进行业特定行为准则来鼓励发展行业自我监管。这些行业自律的行为准则促进了数据服务提供商之间体系化、透明、无缝链接的数据共享。不仅如此，高效的数据流动为客户提供了更多的选择权，对数据服务提供商的选择更为多元，从而最终提高数据经济的效率。随后欧盟又通过了《非个人数据自由流动条例的实施指南》，为企业或者公共组织处理混合数据的流动进行指导。在实践中常见混合数据库通常是指物联网数据库，既包括物联网设备的运行数据，例如，摄像头的像素、工作地点、工作时间等数据，也包括了大量的个人数据，包括收集的个人肖像、个人行动路线、个人动态影像等。同时，对于企业长期收集、储存的海量数据，通常为混合数据，难以明确区分个人数据和非个人数据。因此，《非个人数据自由流动条例的实施指南》对于这些混合

---

① 郑令晗、肖冬梅："欧盟非个人数据自由流动制度及其中国本土化"，载《图书情报工作》2019年第13期。

② 宋建宝："欧盟非个人数据自由流动条例概要"，载《人民法院报》2019年7月26日，第8版。

数据进行区分处理，如果个人数据和非个人数据能够通过技术手段实现区分，则分别适用《欧盟非个人数据自由流动条例》和《欧盟一般数据保护条例》；如果混合数据的区分在技术上无法实现或者费用过高，并影响到数据价值，则适用《欧盟一般数据保护条例》。①

2. 欧盟个人数据跨境流动的三种模式

跨境数据流动的过度管制将阻碍数据的自由流动，为国际化企业的发展设置市场准入障碍，不利于数字经济的发展和大数据、区块链等数字技术的创新。欧盟《数据保护指令》对于将个人数据向欧盟成员国以外的第三国转移的条件进行了明确限制，即要求第三国应达到欧盟要求的"充分保护"的标准。此外，还规定了该要求的例外情形（例如，为了追究犯罪或者其他重大的公共利益、个人数据主体的明确同意或者为了维护个人数据主体的合法权益等）以及对个人数据采用相应的保障措施，达到可以在特定情况下或者特定主体之间进行个人数据转移的规定。②

目前欧盟普遍适用三种保障措施，一是适用于数据输出者（为欧盟成员国的公民、法人或者其他组织）与数据接受者（欧盟之外的第三国的公民、法人或者其他组织）之间通过签订数据转移标准合同文本的模式。这种模式通常适用于一次性的数据转移，对于不同主体之间或者次数非常频繁的数据转移无法使用。③ 二是适用于跨国公司内部进行频繁和海量数据转移的约束性公司规则模式。约束性公司模式的优势在于实现了个人数据在跨国公司内部的自由转移，减少了手续繁杂的数据转移合同，提高了数据转移的效率，同时采用跨国公司内部统一的数据保护措施。"这种模式实现了跨国公司的自我监管和欧盟个人数据保护行政监管措施的有机统一和双赢局面，在保障了个人数据监管效果的同时，维护了被监管主体的积极性"。④ 三是欧盟和美国之间的安全港和隐私盾保护模式。

3. 欧盟和美国之间个人数据转移的安全港协议模式

美国和欧盟在个人数据保护的立法模式与保护方式上存在巨大差异。与欧盟的统一立法模式及个人数据的严格保护方式不同，美国更重视个人数据的收集、存储、流动、分析与应用等作为经济要素的基础性作用。因此，美国更重视个人数据流动带来的商业价值，所以在个人数据保护上采取更为灵活的监管

---

① 冯洋："论个人数据保护全球规则的形成路径——以欧盟充分保护原则为中心的探讨"，载《浙江学刊》2018 年第 4 期。

② Iversen, A. Consent, confidentiality, and the Data Protection Act [J]. BMJ, 2006, 332 (7534): pp. 165 – 169.

③ 张金平："欧盟个人数据权的演进及其启示"，载《法商研究》2019 年第 5 期。

④ 孔令杰：《个人资料隐私的法律保护》，武汉大学出版社 2009 年版，第 288 页。

方式，即以行业自律为主，行政监管为辅的保护方式。这样的保护思路体现在立法模式上为分散立法，缺乏对个人数据保护的统一立法，也未设定个人数据保护的最低标准。美国的联邦立法主要体现为对隐私权、消费者保护、金融保险、儿童网络数据隐私以及医疗教育等领域的个人数据保护。因此为了消弭两大经济体之间的个人数据保护政策方面的差异，保障重要的贸易伙伴之间个人数据流动带来的巨大经济价值，两者达成了《安全港框架协议》。

《安全港框架协议》签订的目的是在保障对个人数据进行充分保护的基础上，为美国企业搭建的个人数据跨境传输的框架协议。根据该协议及美国商务部发布的《安全港隐私原则》，美国的市场经济主体，在承诺自觉遵守《安全港隐私原则》的七大要求后，[①] 可以列入安全港协议的企业目录，在个人数据传输时不再需要欧盟的特别授权。这七项原则涵盖了充分和明确告知个人数据收集利用的目的；为数据所有人提供选择和拒绝的权利，个人敏感数据的收集利用必须取得明确同意；确保数据传输第三方的数据保障能力；为个人数据提供适当的保障措施，防止数据的泄露、改变或者以其他方式被其他人获知；个人对数据的控制权利及更正数据的权利等；建立对数据泄露等的救济制度；定期报告企业遵守《安全港框架协议》的基本情况等义务。

但是安全港模式有两大结构性缺陷：一是仍然沿用了美国的行业自律模式，而不是欧盟强调的行政监管模式。对于美国企业的数据安全保护评估由美国监管机构依照美国法律来处理。欧盟一直对美国企业是否能够真正实现个人数据的充分保护心存疑虑。二是在《安全港框架协议》中未将美国政府和公共机构列入监管对象。"美国在《安全港框架协议》外实施了诸多例外情形，例如美国政府机关为了维护国家安全、公共利益等收集使用个人数据，均可以不受《安全港隐私原则》的约束，实质上突破了《安全港框架协议》和《安全港隐私原则》对个人数据的保护模式"。[②] 尤其是"棱镜门"事件的爆发，更加剧了欧盟对美国政府机构不适当收集或者利用欧盟成员国公民个人数据的担忧。《安全港框架协议》难以确保美国在个人数据保护领域实现"充分保护"。2015年欧洲法院在审理 Max Schrems 诉 Facebook 数据隐私权案件中，正式判决欧盟和美国签订的《安全港框架协议》无效。

4. 欧盟和美国之间个人数据转移的隐私盾协议模式

《安全港框架协议》被宣布无效后，美国企业对欧盟公民的个人数据传输只

---

① 范进学、张玉洁："论信息网络风险下的隐私权法律保护"，载《山东社会科学》2011年第1期。

② 马芳："美欧跨境信息《安全港协议》的存废及影响"，载《中国信息安全》2015年第11期。

能依据标准合同文本或者约束性公司模式。美国公司需要接受欧盟成员国个人数据的安全监管，大规模常态化的个人数据转移不确定性增强，极大地影响欧盟和美国的商业往来。欧盟和美国商务部经过多轮磋商，商定为欧盟和美国之间的个人数据转移搭建新框架协议——《隐私盾协议》。欧盟委员会对美国政府和企业收集和使用个人数据提出了新的限制，并希望使用新框架对进行跨境数据流动的美国企业和组织提供具体指导，从而弥补《安全港框架协议》的制度缺陷。①

与《安全港框架协议》的自愿加入模式不同，隐私盾模式强制适用于所有可能在欧盟和美国之间传输个人数据的美国企业，并且需要28个欧盟成员国的数据保护监管机构批准后，才能提交给欧盟委员会。《隐私盾协议》对美国公司设置了更为严格的数据隐私保护义务，以保护欧盟公民的个人数据。同时加强行政监管的执行力和建立有效的监督机制，以确保美国公司遵守其义务，包括不遵守义务的制裁或责令退出欧盟市场。新协议还包括了《隐私盾协议》参与计划的美国公司向其他合作伙伴转移个人数据的严格条件。美国商务部出台并维护修订公共的"隐私盾"清单，美国公司将通过对"隐私盾"中规定的"隐私原则"进行自我认证，并且将需要每年重新审查认证的合规性，才能够继续依据该认证进行欧盟和美国之间的跨境数据流动。②"隐私盾"有以下几项重要的内容。

（1）关于美国政府对欧盟成员国公民个人数据访问和使用的明确保障措施和透明度义务。《隐私盾协议》框架的主要目标之一是限制美国政府对欧盟公民的监视。③ 按照《隐私盾协议》的要求，只有在严格遵守比例原则，并平衡国家安全风险和个人隐私权保护的情况下，才允许按比例、在有限范围内、出于国家安全的目的收集欧盟成员国公民个人数据。但是隐私盾并未完全禁止大规模收集个人数据，但要求在"出于技术或运营考虑"而无法进行针对性收集的情况下，才可以使用大规模收集数据的方法。

2016年2月，时任美国总统奥巴马签署了《司法补救法》，从而以法律的形式保障欧盟公民能够针对美国联邦政府涉嫌数据隐私的侵权行为在美国法院提出诉讼请求。欧盟公民（以及将来由美国司法部指定的其他国家或者组织的公民）有权针对某些美国政府或者公共机构，根据《隐私权法》对刑事或恐怖

---

① 曹杰、王晶："跨境数据流动规则分析——以欧美隐私盾协议为视角"，载《国际经贸探索》2017年第4期。

② Shona McCusker. The EU – US Privacy Shield: the Antidote to the Transatlantic Data Transfer Headache? [J]. (2016) 37 Business Law Review 84, pp. 84 – 85.

③ Setty S. The President´s Private Dictionary: How Secret Definitions Undermine Domestic and Transnational Efforts at Executive Branch Accountability [J]. Indiana Journal of Global Legal Studies, 2017, 24 (2): p. 513.

活动调查中不当处理个人数据的行为（如不当披露个人数据）寻求司法救济，这些司法补救措施包括禁止令及经济赔偿。①

美国国家情报局局长办公室向欧盟提供书面保证，即任何公共机构基于国家安全目的的访问或者收集利用欧盟成员国公民个人数据都将受到明确限制，并应当完善相关保障和监督机制，以防止随意访问个人数据的情形。当时的美国国务卿约翰·克里承诺国务院将建立独立于国家安全部门的监察员机制，在国家情报领域为欧盟寻求补救机会。监察员将跟踪个人对于个人数据被不正当使用或者收集、访问等问题的投诉和询问，并为投诉人提供相关法律和政策，询问其相关法律是否得到遵守。新设立的监察员的职责在于致力于回应欧盟公民提交的投诉或其他提供相关信息的请求。这些书面承诺都将通过美国《联邦公报》进行公布。在新框架下，欧盟公民可以直接向美国国务院新设立的监察员进行投诉，从而对美国政府非法或者不合理收集个人数据的行为寻求采取救济措施。②

（2）通过多种补救措施有效保护欧盟公民的数据权利。如果欧盟公民个人对美国的某公司处理其个人数据有任何投诉，无论该投诉是该个人直接向公司提出还是通过商务部转交，该公司都必须在45天内对投诉作出答复，并对投诉者提出的问题加以解决。同时，美国公司必须向欧盟公民个人提供免费、独立的替代争端解决方式，以有效解决因收集处理个人数据所引发的纠纷或者争端。③《隐私盾协议》要求美国公司为替代性争议解决程序支付费用，如非约束性调解和强制性具有约束力的仲裁。欧盟公民也可以前往其所在国家的数据保护机构，该机构将与美国联邦贸易委员会进行合作，以确保调查和解决欧盟公民未得到解决的投诉。如果案件纠纷在穷尽所有的救济手段仍无法得到解决，则仲裁机制作为纠纷解决的最后手段，确保补救措施的可强制执行。美国公司必须同意由"隐私盾"小组提出的具有强制约束力的"最后手段"仲裁机制，该仲裁机构由美国商务部和欧盟委员会共同指定仲裁员组成。

（3）建立年度联合审核机制。该机制的设立目的是监督《隐私盾协议》的实施和功能的落实，包括以司法执法、国家安全、公共利益等为目的对欧盟成员国公民个人数据的收集、访问、转移等。在美国和欧洲数据保护局的情报专

---

① Voss W G. The Future of Transatlantic Data Flows: Privacy Shield or Bust? [J]. Internet Journal of Law, 2016, 19 (11): 1, pp. 9 – 18.

② Voss W G. European Union Data Privacy Law Reform: General Data Protection Regulation, Privacy Shield, and the Right to Delisting [J]. Social Science Electronic Publishing, 2017, 72 (1): p. 221.

③ None. Statement on the decision of the European Commission on the EU – U. S. Privacy Shield [J]. Datenschutz und Datensicherheit – DuD, 2016, 40 (10): p. 634.

家的协助下，欧盟委员会和美国商务部将承担审查职责。美国联邦贸易委员会致力于加强"隐私保护盾"框架的执行，包括接收来自欧盟数据保护局、美国商务部、个人数据隐私监管机构和替代性争议解决提供者的个人投诉。

欧盟委员会将可以利用所有的可用信息来源，包括美国公司根据美国政府对《隐私盾协议》准入要求制作的透明度报告。欧盟委员会还将与个人数据保护相关的非政府组织和利益相关者举行年度隐私峰会，讨论美国隐私法领域的深入发展及其对欧洲个人数字隐私的影响。在年度审查的基础上，欧盟委员会将向欧洲议会和理事会发表公开报告。

（4）实施更为严格的隐私政策。《隐私盾协议》要求美国公司制定更详细的隐私权政策，在数据收集、使用和共享的实践操作方面提供更大的透明度。处理来自欧盟公民的人力资源数据的美国公司还必须承诺遵守欧盟数据保护局的建议，并接受欧盟数据保护局的行政监管。美国公司的隐私权政策必须包括收集个人的数据类型的通知义务、如何处理数据以及可用的退出机制。[1] 美国公司制定的在线隐私政策必须包括以下内容：关于公司将遵守"隐私盾"的承诺声明；承诺不会收集超出其服务所需的更多个人数据；该企业组织内部或外部的联系方式，以方便个人进行投诉及对投诉的处理；提供链接登录商务部的 Privacy Shield 网站以及所选独立争议解决机构的网站；向第三方服务提供商转移个人数据的保障措施。

如果美国公司从事的业务包括向第三方服务提供商进行个人数据转移，则无论美国公司与第三方签订的合同内容如何，该美国公司将对转移的个人数据承担全部法律责任。美国公司可以适当限制此类个人数据转移，同时根据隐私权原则将要求第三方服务提供商采取同样的肯定性个人数据保护措施。美国公司必须对其第三方服务提供商进行适当的尽职调查，并且必须采取适当方式监督第三方服务提供商在处理个人数据方面的任何制度和措施。

但是，有部分欧洲议会议员对替代安全港和司法审查的新协议能否切实保护欧盟公民的数据隐私表示怀疑，而电子数据隐私信息中心的国际隐私研究员 Fanny Hidvegi 和其他人权保护组织也公开批评《隐私盾协议》，认为《隐私盾协议》框架尚未解决个人数据隐私的核心问题。同时，美国有些专家认为欧盟数据保护局仍然会对美国企业进行独立监督，以确定数据控制主体和数据处理

---

[1] Rousseaux F, Saurel P. In Light of the Legal Debate over Personal Data Privacy at a Time of Globalized Big Data: Making Big Data Researchers Cooperating with Lawmakers to Find Solutions for the Future [C] // Ubiquitous Intelligence & Computing, Advanced & Trusted Computing, Scalable Computing & Communications, Cloud & Big Data Computing, Internet of People, & Smart World Congress. IEEE, 2017.

主体对个人隐私是否进行充分保护。因此，在"隐私保护盾"框架下，美国公司仍可能会受到来自不同欧盟成员国数据保护局对个人数据收集和处理活动的额外审查。① 因此，美国公司将面临《隐私盾协议》之外的其他要求，包括针对涉及个人数据的产品或者服务提供额外的补救或补偿措施。不同欧盟成员国的数据保护局在个人数据隐私保护方面存在不同立场，分别展开调查和处理程序，可能导致针对同一家美国公司或者同一个违法行为的不同处理，会加重美国企业履行《隐私盾协议》的经济成本，并损害欧盟和美国之间的数据传输效率。②

（四）数据开放共享领域

1. 数据开放的重要价值

行政机关是各类型公共数据的最主要拥有者，在公共卫生医疗、交通运输等基础设施、建筑房地产、司法系统及文化教育等社会经济诸多领域，海量数据被收集利用。然而由于数据本地化及不同机关部门组织之间数据信息系统的不兼容，市场经济主体、政府机关、公共机构等容易产生数据孤岛，影响到社会主体之间的数据之间的开放共享。"缺乏数据的开放共享，难以实现对公共事务的协同治理，难以应对复杂的社会管理形势，难以实现数据的融合分析及深度应用，难以保证数据价值的实现"。③

欧盟各国在数据开放领域中，一般在数据整理、分析、整合后统一进行开放，从而保证不同数据种类、不同的数据格式能够通过统一格式向社会开放。同时欧盟各国在数据开放过程中，在立足本国特点制定逐步推进的数据开放路线图，同时注重欧盟各成员国之间的跨国沟通协同机制。欧盟陆续颁布了数据公开的新举措。1995 年欧盟的《数据保护指令》除了要求欧盟成员国必须对个人数据隐私进行最低水平保障外，再次重申欧盟成员国之间的数据流动具有重要价值，不得以个人数据保护为理由对数据自由流动采取阻碍措施。

2003 年欧盟通过并颁布了《公共部门信息再利用指令》，根据这份指令，对政府的公共领域收集的数据进行了类型划分，并依据指令指导各国对公共部门数据类型和数据开放进行立法。

---

① Rousseaux F, Saurel P . In Light of the Legal Debate over Personal Data Privacy at a Time of Globalized Big Data: Making Big Data Researchers Cooperating with Lawmakers to Find Solutions for the Future [C] // Ubiquitous Intelligence & Computing, Advanced & Trusted Computing, Scalable Computing & Communications, Cloud & Big Data Computing, Internet of People, & Smart World Congress. IEEE, 2017.

② Mattoo A, Meltzer J P . International data flows and privacy : the conflict and its resolution [J]. Policy Research Working Paper Series, 2018.

③ 胡尼克、黎雷、杨乐："中国与欧盟的网络安全法律原则与体系比较"，载《信息安全与通信保密》2019 年第 9 期。

2. 欧盟统一数据市场的建立

2015 年欧盟委员会提出构建欧盟《数字化单一市场战略》,重点强调建立数据时代的统一数据市场的各项规则。欧盟不断推动数据市场的发展,并且利用财政金融工具为开放数据提供资金支持,同时协同欧洲各国建立开放数据平台。① 根据欧盟数据开放的统一路线图,德国在《联邦政府实施 G8 开放数据宪章的国家行动计划》中承诺为数据开放制定法律和政策工具,开发政府机构的数据开放平台。② 法国通过《透明和协作公共行动:法国 2018—2020 年国家行动计划》,认为政府应承担公共数据开放的义务,并通过公私主体之间的协议合作模式,促进数字资源利用技术的创新,提升数据开放的公众参与,鼓励企业等私营组织建立数字伙伴等。③ 为了加强科研数据的开放,欧盟为科研数据开放设立专项资金并建立数据管理指南,如《2020 计划框架下的 FAIR 数据管理指南》《2020 计划框架下的科学出版物与科研数据开放获取管理指南》《2020 计划框架下的 FAIR 数据管理指南》等,完善相关的数据治理措施,调动科学研究领域的组织和科研人员积极参与数据开放。④

第四节 其他域外国家数据安全治理的制度框架

一、英国数据安全治理的制度框架

(一) 英国数据安全治理的主要领域

英国数据安全治理具备完善的法律法规体系,在数据开放、个人数据(隐私)保护、国家关键信息基础设施建设等领域取得了较好的成果,获得世界各国的高度好评。英国数据安全治理领域包括了个人数据(隐私)保护、信息公开、数据开放、电子政务和网络信息安全等七大政策领域。⑤ 英国政府对数据实行分类管理制度,根据不同内容对数据进行分类管理,从而能够针对数据的

---

① 曹凌:"大数据创新:欧盟开放数据战略研究",载《情报理论与实践》2013 年第 4 期。
② 任文倩:"德国联邦数据保护法介绍",载《网络法律评论》2016 年第 1 期。
③ 筱雪、胡琳悦、王晓迪:"法国政府开放数据发展现状及启示研究",载《现代情报》2017 年第 7 期。
④ 张玉娥、王永珍:"欧盟科研数据管理与开放获取政策及其启示——以'欧盟地平线 2020'计划为例",载《图书情报工作》2017 年第 13 期。
⑤ 李重照、黄璜:"英国政府数据治理的政策与治理结构",载《电子政务》2019 年第 1 期。

不同类型采取不同的技术或者管理措施，确保数据共享的效果及数据安全。英国政府机关及地方政府公共机构收集整理公共数据，在政府数据公开的门户网站 Data. gov. uk 公开发布，方便公众和社会组织等进行查询、下载、使用。为对个人隐私数据实行强有力的保护，英国政府通过制定法律制度框架、设计个人数据权利体系、为个人数据权利行使提供充分的救济、强化数据使用者的数据保密责任等，实现个人数据隐私保护与数字经济时代的技术创新之间的平衡。逐步开放政府的管理数据，通过公私合作推动管理数据的分析和研究，并建立网络平台，为开放管理数据提供研究、共享和利用的条件。

（二）英国数据安全治理主要的法律依据

1. 英国数据安全治理主要的法律依据概述

根据英国学界的观点，对数据开放的界定包括四个方面：一是保证数据的可获取性及可用性。应当提供完整而非部分数据，如果申请人需要复印，则费用应当合理。二是数据应当是计算机可读的格式，且数据本身可以进行修订及可携带。三是数据和数据集合应当可以重复利用。四是公平对待所有的数据使用者，不得因身份、国籍、性别、民族等进行歧视。"英国是政府数据开放领域的先行者，同时也被公认是世界上政府数据开放程度最高的国家之一"。[①] 英国政府高度重视政府信息的公开和透明，以及推动公共机构的服务问责制。数据技术创新备受瞩目，但是技术也有可能被滥用。不负责任地收集使用个人数据，会侵蚀公众对国家公共机构的信任，颠覆和破坏民主制度。这更凸显了政府数据公开的重要性，并再次强调了政府必须努力做到公开和负责。政府的公共机构必须以积极的方式使用大数据等先进技术，赋予公众新的方式手段来参与公共管理，为政府公共机构和公众之间搭建沟通交流的平台。

因此，英国政府数据开放的重要实践内容包括：增加政策制定的公开程度，以及国有自然资源开发利用的透明度，同时改进政府公布数据的质量，增加公共服务的公私合营，积极推动政府与民间社会在制定提案、增加公众参与等方面的合作等。作为 2011 年开放政府合作伙伴关系的创始者之一，英国在数据开放方面取得的成绩有目共睹，尤其体现在公共政策和决策的公民参与、国际数据公开标准的采纳，以及向公众开放的数据类型更为多样等方面。在数据开放领域，英国先后颁布实施了 2000 年《信息自由法》、2018 年《数据保护法》《公共部门信息再利用条例》等法律和《英国开放政府国家行动计划 2019—2021》《G8 开放数据宪章：英国行动计划 2013》《数字宪章》《国家数据战略》等数据开放战略，为推

[①] 李燕、张淑林、陈伟："英国政府数据开放的实践、经验与启示"，载《情报科学》2016 年第 8 期。

动公共部门的数据开放提供法律支持和政策依据。

2. 英国政府数据开放主要法律战略的内容概述

（1）2000年《信息自由法》的主要内容。2000年《信息自由法》赋予公众获取政府公共机构持有的信息的权利，其目的是通过政府的数据开放，使得政府机构的政策制定和执法工作增强透明度和民主程度，保障公众的知情权。该法律主要包括两部分重要内容：政府公共机构有义务公开发布有关其行为的信息；公众有权利向公共机构索取并获得相关信息。该法案涵盖了英格兰、威尔士和北爱尔兰的公共机构以及位于苏格兰的英国公共机构所拥有的任何信息。苏格兰公共机构的信息公开依据2002年《苏格兰信息自由法》的相关规定。根据《信息自由法》的规定，公共行政机关包括联邦政府部门、地方政府部门、英国国家医疗服务体系、公立学校和警察部队。具有司法职能的公共机构如法院等不必提供有关司法职能的相关信息。同时《信息自由法》授权国务大臣指定新的机构为公共机构。在政府公共管理机构公私合营的背景下，一些英国地方政府将提供社会福利性住房等公共服务的责任转移给了一些地方政府单独投资设立或者由不同的政府管理机构共同出资设立的经营管理组织，这种类型的公共服务公司本身具备了政府公共机构的要素，受到《信息自由法》的约束，需要响应信息公开的请求。

但是，该法案并非全部涵盖每个获得公共资金的组织。例如，它不包括某些接受政府捐赠的慈善机构和某些履行公共职能的私营部门组织。另外，如BBC这样的公共服务广播公司不必提供有关新闻、文学或艺术活动的信息。公共机构记录的信息包括打印的文档、计算机文件、信件、电子邮件、照片以及声音或视频记录。该法案不允许人们随意访问自己的个人数据（有关自己本人的数据信息），如医疗健康记录或信用记录文件。如果公众希望查看公共机构拥有的个人信息，则他们必须根据数据保护的要求提出查询请求。

（2）《公共部门信息再利用管理条例》的主要内容。《公共部门信息再利用管理条例》是对《信息自由法》的补充，主要补充了数据利用范围的法律规定。同时英国宣布开展"公共数据公开"项目，并制定了数据公开的标准，设计了专门的政府网站 Data.gov.uk 进行政府数据公开。[1]

（3）《英国开放政府国家行动计划2019—2021》的主要内容。根据《英国开放政府国家行动计划2019—2021》的规定，英国政府开放的领域和数据开放的主要内容及主管机关见表2.1。

---

[1] 罗博："国外开放政府数据计划：进展与启示"，载《情报理论与实践》2014年第12期。

表 2.1　英国政府开放的内容和主管机关

数据开放的领域	数据开放的内容和目的	数据开放的主管机关	其他政府部门
财政拨款数据公开	(1) 提升拨款效率，有效利用拨付资金 (2) 提高政府资金的透明度	内阁办公室	数字、文化、媒体和体育部
公众参与数字和数据政策制定	(1) 收集包括来自企业、社会组织、公民及数据用户的意见 (2) 实现政府数据开放的伙伴关系	数字、文化、媒体和体育部	内阁办公室、开放数据研究所、政府数字服务部等
开放式政策制定	(1) 英国政府的政策实验室将继续开发资源，以支持开放式政策制定 (2) 与政策专业人士和部门等利益相关者合作 (3) 增加政策依据的透明度和可及性 (4) 向公众提供公开政策的相关资源	内阁办公室	政策实验室、政府数字服务部等
许可协议的数据开放	(1) 公共合同的规划、订立、支付等全过程公开 (2) 提高公共合同的合规性审查、公开范围的覆盖程度	内阁办公室	数字、文化、媒体和体育部
自然资源透明度	(1) 提高有关石油、天然气和矿产等公共自然资源公司在销售方面的数据披露，并帮助其建立通用的全球报告标准 (2) 研究英国可以采取的国家行动的范围和方式 (3) 履行对采掘业透明度倡议的承诺 (4) 实施欧盟移交的指令，强制公司进行相关报告 (5) 根据《披露指南和透明度规则》为在英国上市的采掘公司提供透明度的评估或者报告	国际发展部	商业、能源和工业战略部、英国财政部、金融行为监管局、自然资源治理研究所等

续表

数据开放的领域	数据开放的内容和目的	数据开放的主管机关	其他政府部门
民主计划的创新	(1) 通过试点地区民主论坛，实施公民参与地方政府决策的计划，以授权公民对公共决策进行审议和提出建议，从而对地方政策的制定和实施产生真正的影响 (2) 将数字平台作为补充，以提高公众参与度和透明度	数字、文化、媒体和体育部	住房、社区和地方政府部
公共服务领域有效的知识共享	(1) 苏格兰负责一个专门计划，最全面地支持开放政府的政策和实践在公共服务中推行 (2) 利用英国开放政府伙伴和每个司法管辖区的专业知识，并支持每个地方的优先事项 (3) 通过政府，民间社会和专家之间的协作对话，建立有效的协同治理，以实现开放政府	苏格兰政府	苏格兰地方政府、英国开放政府伙伴关系协议成员、民间组织等
地方政府的透明度	(1) 制定一揽子政策建议，以帮助和鼓励议会发布所有可能的数据（即非个人或敏感数据）。这些建议将与地方政府部门合作制定和测试 (2) 通过一系列互访，会议和讲习班与部门互动，旨在了解提高地方透明度的障碍和机遇 (3) 提议推动地方政府部门进一步提高效率和创新	住房、社区和地方政府部	地方政府

（三）英国 2018 年《数据保护法》的主要内容

欧盟《通用数据保护条例》于 2018 年 5 月 25 日取代了《欧盟数据保护指令 1995》和所有基于该指令的欧盟成员国法律。1995 年的《数据保护指令》及其衍生的所有地方法律就包括 1998 年英国政府颁布的《数据保护指令》。因此英国修订了 1998 年《数据保护指令》，颁布了 2018 年《数据保护法》。

欧盟2018年制定的《电子隐私指令》将取代欧盟2002年《电子隐私指令》以及所有实施该法规的成员国法律，包括英国2003年《隐私和电子通信指令》。《电子隐私指令》原定于2018年5月25日与GDPR一起生效，但现在推迟于2019年年末开始实施。《电子隐私指令》的立法旨在确保所有电子通信包括即时消息应用程序、互联网协议语音平台、OTT服务①以及物联网（IoT）设备等提供个人数据隐私保护。英国2003年《隐私和电子通信指令》（简称PECR 2003）是根据2002年欧盟的《电子隐私指令》（又被称为"Cookie法"）指定颁布的，其主要内容是规定了电子通信的个人数据保护规则，包括营销类电子邮件、传真短信和电话；使用cookie来跟踪网站访问者的信息、公共电子通信服务的安全性以及最终用户的隐私保护等内容。如果某企业或者组织通过电话、电子邮件、短信或传真进行营销活动，使用cookie或对公共数据目录进行编译，则应当适用《隐私和电子通信条例》的规定。《公共档案法》与个人数据保护也有密切的联系。②

脱欧后，英国政府计划将欧盟《通用数据保护条例》的规定，数据保护的应用实践与本国制定的数据隐私保护立法共同结合起来，建立英国的数据保护（UK GDPR）制度。英国政府在数据开放相关的法规及战略性文件中均涉及政府数据开放过程中个人数据隐私的保护制度。"政府的公共机构必须合法取得并使用所获取个人数据，同时保障所获取个人数据的安全，防止不恰当使用个人数据的各种情况。向公众进行公共数据开放时，必须告知所获取数据的使用范围、使用用途、改变或者删除数据的原因及条件，政府公共行政机构及其工作人员有违法使用、泄露等不合法利用个人数据的行为的，应承担相应的法律责任"。③

英国2018年《数据保护法》的主要内容在于规范和约束政府、企业或者其他组织对个人数据的收集、使用、存储等数据使用行为。该数据保护法是英国为欧盟《通用数据保护条例》的实施而制定。任何使用个人数据的个人或者组织，都必须遵守所谓的"数据保护原则"的严格规范。④ "数据保护原则"

---

① 所谓的OTT服务通常是指内容或服务建构在基础电信服务之上，但是服务由运营商之外的第三方提供，因此不需要网络运营商提供额外的技术进行商业支持。该概念早期特指音频和视频内容的分发，后来逐渐包含各种基于互联网的内容和服务，典型的例子有Skype、Google Voice、微信、互联网电视业务等。

② 黄如花、刘龙："英国数据开放中的个人隐私保护研究"，载《图书馆建设》2016年第12期。

③ 武莉莉："英国政府开放数据的实践及启示——以英国开放政府国家行动计划（2016—2018）为例"，载《世纪图书馆》2018年第9期。

④ 黄如花、刘龙："英国政府数据开放的政策法规保障及对我国的启示"，载《图书与情报》2017年第1期。

包含的内容为：公平、合法和透明地使用个人数据；必须对数据收集的情况和条件进行严格限制，并将数据收集的目的告知数据提供者；以及数据使用目的披露，即以指定的明确目的充分利用个人数据，只能以相关、准确且必要的方式使用个人数据；存储个人数据必须在必要的情况，保存时间不长于必要时间，维持数据的最新状态；确保以适当安全的方式进行个人数据处理，防止非法或未经授权的数据处理，禁止访问、丢失、损坏个人的敏感数据；为个人数据保护提供强有力的法律保护。其中公平使用个人数据意味着不得因数据主体的民族、种族、政治观点、宗教信仰、生物遗传特征、健康状况或性取向等进行区别对待。同时对于与刑事犯罪有关的、未成年人等特定主体的个人数据，设置单独的保护措施。

英国 2018 年《数据保护法》规定的数据权利是数据主体对政府和其他组织存储的个人数据享有知情权，包括个人数据使用方式的被告知权、对个人数据的访问权、对不正确数据的更新权、个人数据的删除权、数据处理停止或限制权、数据可携带权（允许数据主体获取和以其他方式来重新使用数据）、在某些情况下处理个人数据的拒绝权等。

二、德国数据安全治理的制度框架

（一）德国数据安全治理的制度框架概述

德国颁布了数据安全治理的综合性法律《联邦数据保护法》，并根据实践发展的需要进行了多次修订，从而确定了数据安全治理的整体框架。此外，德国还颁布了《德国数字 2015》《数字化战略 2025》等数字经济发展战略。德国历来对于网络安全，尤其是对于个人隐私数据的保护高度重视，通过建立并完善数据安全管理的组织机构，并制定实施数据安全领域的法律法规，结合《德国基本法》及《民法》等领域的立法对个人数据隐私进行综合保障，从而形成完善的数据安全治理的法律政策体系。在数据开放领域，德国政府主要通过《信息自由和传播服务法》《社交媒体管理法》等法律规范来进行监管。[①]

为做好数据保护工作，德国联邦政府设立了联邦数据保护特派员。联邦数据保护特派员的法律地位比较独立，由议会选举产生后总统任命，承担联邦的数据安全保护、促进数据流动、提高信息自由等数据安全治理等领域的工作，负责对德国联邦公共机构数据保护政策的执行情况进行全方位监督。联邦数据保护特派员运用数据技术和数据治理领域的专业知识技能，独立作出数据治理

---

① 陈美："德国政府开放数据分析及其对我国的启示"，载《图书馆》2019 年第 1 期。

的相关决策，不受任何机构、个人的干涉，也不受任意处罚。此外，数据保护特派员还担负着数据保护公益性宣传以及进行数据保护法律政策培训的任务，同时指导非政府组织开展数据公开的相关活动，从而提升互联网企业及公众的数据保护意识。同时，德国各州也设立数据保护特派员，对本州的数据治理工作进行监督。个人数据与人的隐私和尊严等人格权密切相关，因此个人数字隐私权的保护机构为联邦隐私保护和信息自由委员会。[①]

（二）德国《联邦数据保护法》的地位和主要内容

1. 德国《联邦数据保护法》的主要内容概述

从德国《联邦数据保护法》的整体结构来看，包括五章的内容：一是数据保护的总则；二是公共部门对数据的保护和利用；三是非公共部门对数据的保护和利用；四是特别和例外规定；五是最后条款和过渡性条款。德国《联邦数据保护法》的立法宗旨在于保障和救济个人的数据权利，实现数据的公平、合法及合理利用。因此，《联邦数据保护法》对收集、储存和流动、加工、使用、删除等使用个人数据的行为进行法律管治。注重保护个人作为数据提供者的数据权利，尤其是在数据控制主体和数据加工主体对个人数据进行收集、存储、流动、转移、跨境转移及修改、删除时，数据提供者有权被告知数据收集、数据使用的范围、数据使用的用途、数据被处理的方式、获得个人数据、查询更正及删除个人数据的权利。数据控制主体和数据加工主体不得滥用个人数据。[②]

《联邦数据保护法》在注重保护个人数据权利的同时也重视数据流动的重要价值。[③]《联邦数据保护法》涵盖了一系列与数据保护相关的问题，包括市场营销对个人数据的使用、安全漏洞通知、数据服务提供商合同以及对雇员数据的保护、赋予数据保护主管部门进行行政处罚的权力，从而对违反数据保护法律规定的行为处以更高数额的罚款。同时，修订后的《联邦数据保护法》还涵盖了机构或者组织之内的数据安全保护问题，例如，跨国公司的母公司使用大型客户数据库存储其子公司的客户数据，或者通过人力资源系统收集处理雇员的个人数据。总体而言，《联邦数据保护法》所涵盖的数据使用或者处理关系包括：与数据处理存储者或数据服务提供商之间的服务合同、与呼叫中心或网络营销服务（如邮件、新闻通讯、邮箱）等提供商之间的合同、与人力资源信

---

① 黄志雄、刘碧琦："德国互联网监管：立法、机构设置及启示"，载《德国研究》2015年第3期。
② 任文倩："德国《联邦数据保护法》介绍"，载《网络法律评论》2016年第1期。
③ 刘金瑞："德国联邦数据保护法2017年版译本及历次修改简介"，载《中德法学论坛》2017年第2期。

息系统或客户关系管理的托管公司签订的合同、与外部审计师或网络维护服务提供商之间的协议、提供 IT 资源的其他合同关系（如提供应用程序服务、云计算、软件服务、网站托管及在线存储等）。

数据控制主体与处理主体之间的关系需要特别注意区分，数据处理的部分外包和数据处理的整个功能外包（如公司的客户服务部门整个进行外包等）。如果将数据处理整个功能的外包被视为数据控制主体和数据处理主体之间的关系，应当受更严格的数据保护法规的约束。但是区别部分外包和数据处理整个功能外包比较困难，必须根据具体情况具体分析。

2. 数据控制主体与处理主体之间的数据保护关系

《联邦数据保护法》对数据控制主体与处理主体之间的关系进行了明确规定，并通过修正案的规定进行了扩展和详细说明。如果涉及下列数据保护事项，各方必须在书面协议中作出规定：数据提供者所提供的个人数据的范围以及数据处理主体收集、使用和处理个人数据的方式和目的；数据控制主体向数据处理主体发出指令的权利；数据处理主体为确保数据安全而采取的技术和组织措施；数据处理主体对数据的纠正、删除和锁定；数据加工者将数据加工部分转包或外包的权利；数据处理主体有义务任命一名数据保护官，并要求其以书面形式保护雇员的保密数据；数据控权者的审计权；数据处理主体通知义务，以及合同结束时返回和删除数据的程序规定。同时，对数据处理主体是否合法处理数据及是否遵守合同的强制性规定，数据控制主体负有全部责任。《联邦数据保护法》明确指出，数据控制主体必须采取技术和组织安全措施来确保数据安全，并谨慎选择数据处理主体。数据控制主体还必须定期审核数据处理主体的数据保护情况，并记录审查结果。

德国《联邦数据保护法》也明确规定了国外数据处理器的数据处理要求。如果在欧洲经济区之外设立的数据处理主体，则必须采取其他措施，以确保处理具有"足够的数据保护级别"。因此，许多外国公司使用欧盟数据转移合同文本方式将个人数据传输到位于欧洲之外的第三方数据处理主体。但是，非常可惜的是，欧盟数据转移合同文本的示范条款并未完全涵盖德国《联邦数据保护法》等数据保护法律的严格要求。例如，欧盟数据转移合同文本的条款仅包含模糊的数据泄露通知义务。因此，欧洲经济区之外的数据处理主体如果处理业务的关键数据，则协议合同文本应增加其他合同条款，从而符合德国数据保护的法律要求。

3. 德国《联邦数据保护法》规定的行政惩罚措施

对数据控制主体未签订充分的数据保护协议，德国的数据保护机构可以处最高为 5 万欧元的行政罚款。如果数据处理主体发生数据泄露的情况，数据控制主体同时会受到个人的损害索赔。此外，未能谨慎从事数据保护工作的数据保护人员可能对其公司的行为承担责任。通常在收到个人投诉后，由数据保护机构对数据控制主体和数据处理主体之间的数据协议进行审核。数据保护机构在调查过程中，可以要求公司提供相关数据协议。如果发生数据泄露的情况，数据保护机构也可以启动调查。德国最近的立法规定了违规通知义务，因此侵犯隐私的行为更容易引起数据保护机构的注意。①

（三）德国个人数据权利的保护

德国联邦宪法法院在"人口普查案"中的判决，将公民的个人数据拥有的"信息自决权"，规定为宪法基本权利。因此，个人的数据权利为宪法性基本权利之一。同时《德国基本法》对个人尊严进行严格保护，明确规定尊重及保护个人尊严是所有的国家机关应该承担的法定义务。因此，德国对于个人的数据权利设置了比较完善的法律法规体系。德国重视数据权利意识的培养，在法律权利体系中增加了数据权利领域的自我决定权，并相应规定了政府机关维护数据权利的义务和数据收集、储存及使用的程序规定，从而以宪法权利的保障方式对数据权利进行保护。"不仅为个人行使数据权利奠定了宪法基础，更为国家权力机关设定了保护义务，为公共权力和私人权力划定了界限，防止国家权力侵犯个人的数据权利"。② 同时采集个人数据必须具备"目的相关性"和"最小数据"采集原则，与政府公共行为或者商业行为密切相关的个人数据才能纳入采集范围，无关的个人数据不能采集，目的是防止出现滥用个人数据的行为。例如，如果用户要下载共享软件，则可能会要求提供用户的电子邮件地址、姓名、实际住址等。但是，试用期到期后，如果该用户不购买共享软件，用户名、邮箱地址、IP 地址等就不再视为必要信息。因此未来需要的个人数据而不是某个商业行为或者政府行为现在必须采集的，那么现在采集个人数据就违反了紧密相关标准。同时，如果政府和商业机构收集了电子邮件地址，则不应与可能会向用户发送垃圾邮件的第三方共享该邮件地址。政府或者商业机构的数据保护官需要指导该政府或者商业机构制定与个人数据收集相关的政策并监督它们收集和使用个人数据的行为，根据个人数据收集策略区分哪些属于紧密相关数据，不得擅自扩大紧密相关数据的范围，从而有助于保护个人隐私。

---

① 张效羽："德国如何保护个人数据"，载《学习时报》2019 年 5 月 3 日，第 2 页。
② 林鸿潮："个人信息在社会风险治理中的利用及其限制"，载《政治与法律》2018 年第 4 期，第 2~14 页。

三、日本数据安全治理的制度框架

相对欧盟和美国，我国对日本数据治理的研究和关注不多。日本对于数据治理非常重视，早在 2005 年就颁布实施了《个人信息保护法》，学术界对数据治理的研究比较深入，更在国家战略和法律制度建设上有不同于美国和欧盟的治理模式，对于我国的数据治理有一定借鉴意义。①

（一）数字经济发展战略

日本政府提出数字经济中长期发展战略，为经济的可持续发展及参与世界数据治理规则体系奠定坚实基础。日本数字发展战略包括 3 个方面的重要内容：一是促进大数据、物联网、5G 等新兴数字技术的创新发展，加大对中小型技术企业的支持力度，结合日本在动漫、游戏、音乐、网络教育等领域的优势，加快数字技术与数字内容产业的融合，提供数字内容的商品和服务。通过数据技术实现产品和服务的数字化，加速发展智慧社会（Society 5.0）战略，为日本经济社会发展注入新活力。二是通过数字经济的发展趋势，提出工业互联战略，全面提升日本信息化的基础设施，通过数字技术改造提升日本的传统制造业，继续保持其国际竞争优势，同时完善国内生产体系与产业链分工布局。② 三是通过实施数字经济发展战略，实现全球数字经济的多角度参与，积极参与数字经济治理规则的制定和数字经济发展体系的建设，为日本在全球数字经济方面构建战略蓝图。在 2019 年的达沃斯经济论坛上，日本首相安倍晋三进一步阐述了日本数字经济发展战略和数字治理的主要理念与构想，成为日本参与全球数字经济治理的重要切入口。

（二）个人数据保护

日本对个人数据保护的原则非常务实，属于欧盟严格保护模式和美国商业发展模式的折衷模式，充分重视数据流动对于经济社会发展的重要价值，同时又重视个人敏感数据的保障。"因此以数据的自由流通为原则，敏感数据的特殊保护为例外"。③ 在法律制度和政策设计上，日本以促进数据的流通为宗旨，充分尊重数据流通的商业自由，对于数据权属等排他性权利的设定持审慎态度。

---

① 李慧敏、王忠："日本对个人数据权属的处理方式及其启示"，载《科技与法律》2019 年第 4 期。
② 蓝庆新、马蕊、刘昭洁："日本数字经济发展经验借鉴及启示"，载《东北亚学刊》2018 年第 6 期。
③ 李慧敏、王忠："日本对个人数据权属的处理方式及其启示"，载《科技与法律》2019 年第 4 期。

2005年正式实施的《个人信息保护法》是日本个人数据保护的首个专门性法律。根据该法律对个人数据保护的原则和内容，日本经济产业省、国土交通省、厚生劳动省等行业行政管理机关依据本领域的不同行业特点，制定实施细则，为商业活动的开展提供具体指导。① 实施细则基本覆盖了工商业、交通、社会管理等多个领域。同时，为了实现数据开放、公民权利保护和社会安全之间的平衡，日本颁布了《个人数据利用的改革纲要》，并在2015年对《个人信息保护法》进行了修改。

《个人信息保护法》中对于"个人信息"的界定比较宽泛，除了姓名、住址、出生年月等个人数据之外，还涵盖了面貌、指纹、血型、眼睛虹膜等个人生物数据，还包括护照、驾驶证、医疗卡、行程轨迹等证件号码及符号数据。这些数据尽管不能够直接与某个特定人相关联，但是结合其他数据往往能够与特定个体产生联系。由此可见，日本对个人信息界定采取宽泛标准，类似欧盟的可识别标准，即使通过单独的数据本身不能识别特定主体，但是只要将不同数据进行组合分析，就能够识别特定主体，这些信息也属于个人数据或者个人信息。尽管日本对个人数据采取严格保护原则，但是在数据产权问题上仍采取了非常谨慎的态度，并不鼓励设立排他性的数据权利（如所有权等排他性民事权利）。主要的原因在于日本对于权利的设定采取严格的法定主义，设定新的权利需要通过严格的立法程序。另外，日本将数据视作经济社会发展的重要资源，如果设定严格的权利体系，将不利于数据的流通和政府数据开放。"这一做法也符合日本制定的超级智能社会（Society 5.0）和互联工业的战略发展目标，这两大战略目标的宗旨是促进开放型的数据流通制度，推动数据的开放共享及跨界流动，从而真正挖掘并充分发挥数据作为基础资源的价值，提升整个国家和社会的创新能力"。②

---

① 孙继周："日本数据隐私法律：概况、内容及启示"，载《现代情报》2016年第6期。
② 方禹："日本个人信息保护法（2017）解读"，载《中国信息安全》2019年第5期。

第三章

数据生命周期安全风险分析

第一节 数据生命周期安全概述

一、数据生命周期安全概览

数据生命周期管理（Data life cycle management，DLM）是指对相关数据信息使用有效管理的过程，是对 IT 管理系统中的数据的整个完整生命周期即数据的产生、数据存储、数据应用和数据销毁的全部过程进行有效管理，发挥其数据最大作用的过程。[1] 数据生命周期管理的研究由来已久，世界各国尤其是发达国家都在积极对信息数据管理进行学术研究，形成了众多重要理论和模型，常见的数据管理生命周期模型包括：（1）英国数字审编中心提出的 DCC 数据管理生命周期模型；（2）英国数据存储中心提出的 UKDA 数据生命周期模型；（3）澳大利亚国家数据服务中心提出的 ANDS 数据共享模型；（4）英国巴斯大学提出的 Research360 机构研究生命周期模型；（5）美国雪城大学秦健等人提出的科学数据管理能力成熟度模型等多种数据管理生命周期模型。[2]

借助这些数据管理的各种理论，针对数据管理生命周期的安全管理，我国的全国标准信息公共服务平台于 2019 年 9 月也发布了以阿里巴巴为核心，联合众多合作伙伴共同编写的《信息安全技术数据安全能力成熟度模型》，该标准

---

[1] 李树栋、贾焰、吴晓波，等："大数据安全和隐私保护——从全生命周期管理角度看大数据安全技术研究"，载《大数据》2017 年第 5 期。

[2] 杨林、钱庆、吴思竹："科学数据管理生命周期模型比较"，载《中华医学图书情报杂志》2016 年第 1 期，第 1~6 页。

旨在提升全社会、全行业的数据管理安全水平，填补我国各个行业在大数据时代针对核心资产数据安全管理能力成熟度评估标准方面的空白，可以为各个组织机构及企事业单位评估数据安全能力，提供更准确和权威的科学依据。[①] 此国标于 2020 年 3 月起正式实施。

依据数据安全能力成熟度模型管理的规范，电子数据完整的生命周期可分为数据采集、数据传输、数据存储、数据处理、数据交换和数据销毁六个阶段的运行过程。数据生命周期安全管理是指贯穿数据存在的整个生命周期，在现阶段的大数据环境下，以真实数据流转为核心，针对数据生命周期各阶段的相关数据安全的防范与管理见图 3.1。

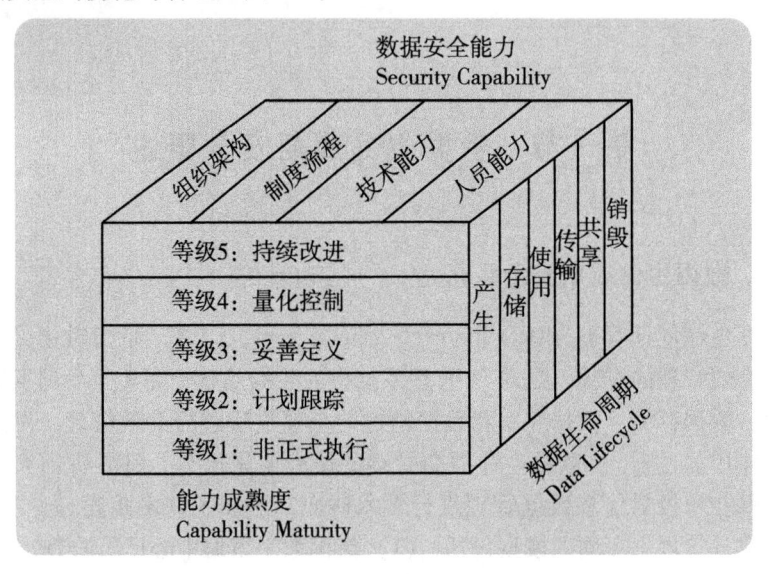

图 3.1　数据安全能力成熟度评估

图 3.2 为数据生命周期的流转示意图，数据采集阶段为数据获取的起始环节，通过网络通道传输到后端数据中心，或进入数据库或进入文件系统，统一进行存储和使用，业务应用系统对其调用和处理，同时与其他业务系统进行交换和更新，最后按照一定的规则进行数据销毁和删除处理，从而完成整个数据的周期运转。

---

① 李克鹏、梅婧婷、郑斌："大数据安全能力成熟度模型标准研究"，载《信息技术与标准化》2016 年第 7 期。

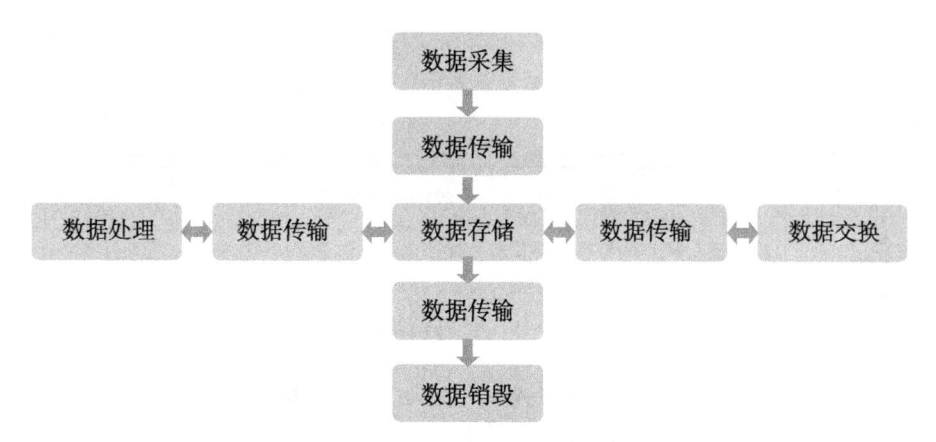

图 3.2　数据生命周期的流转示意

二、安全风险分析概览

围绕数据生命周期的安全管理，本章着重讲解技术层面的安全措施，但是从宏观通用角度看，数据安全管理还要从管理规范和标准体系建设两个方面进行安全管控，领域主要涉及数据管理策略的制定、执行、评估，数据管理的相关规范，数据资产管理的规范类型，数据管理人员的管理与培训，不同类型机构组织的数据管理规划，数据合规性管理的具体规范等方面，严格按照规范操作，系统按照规范运行，最大限度上达到安全风险的最大预防和可控。

数据安全的潜在隐患和安全管理措施差异较大，需要结合数据类型及数据生命周期的不同阶段，进行具体评估和分析。具体而言，数据采集阶段的安全风险，主要来自非法或者非必需的数据采集带来的泄露风险，或者采集数据的过程被攻击等；而数据传输阶段的数据安全风险，则主要来自网络攻击和数据丢失或篡改；数据存储阶段的数据安全风险，主要来自数据存储设备或者系统被攻击及数据窃取、敏感数据被无权限用户访问或者泄露、存储设备损坏丢失泄露数据等；数据处理过程中的数据风险，主要在于数据的非法传输或者算法偏差等。因此，在数据安全管理和风险评估的时候必须强调数据生命周期管理，综合全过程进行风险评估和防范，才能真正实现数据安全，见图 3.3。

另外数据生命周期面临的周边安全风险还包括：信息化硬件设备面临的安全风险和物理环境安全风险。前者包括了信息基础如数据存储、网络设备、UPS 电源等硬件设备出现损坏、电力供应中断、洪水台风等不可抗力等外部风险；后者主要关注数据存储或者传输中心面临的选址安全、人员管理、网络线缆等环境风险。

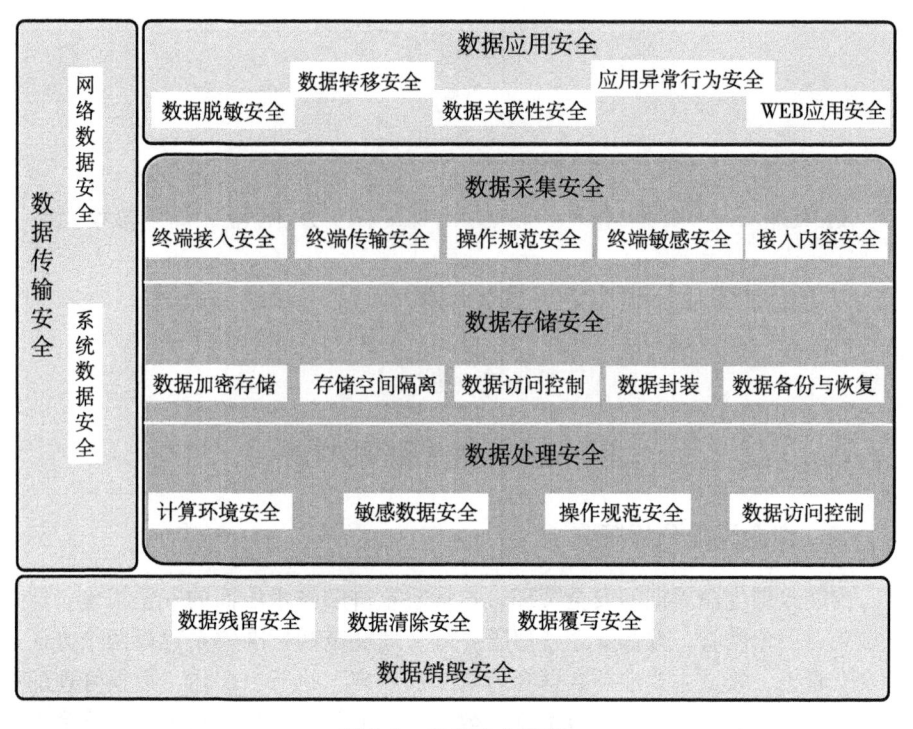

```
                    数据应用安全
         数据转移安全          应用异常行为安全
网络   数据脱敏安全      数据关联性安全       WEB应用安全
数
据
安                   数据采集安全
全   终端接入安全  终端传输安全  操作规范安全  终端敏感安全  接入内容安全
数
据
传
输
安                   数据存储安全
全   数据加密存储  存储空间隔离  数据访问控制  数据封装  数据备份与恢复
  系
  统
  数
  据
  安                 数据处理安全
  全   计算环境安全    敏感数据安全    操作规范安全    数据访问控制

         数据残留安全    数据清除安全    数据覆写安全
                   数据销毁安全
```

图 3.3　数据安全管理

三、数据生命周期安全分析的意义

面向电子数据整个生命周期的安全分析，可以全面有效地保障组织的数据安全管理和规范，最大限度减少数据安全风险，达到组织数据的安全可控，保障数据平台的健康发展。从数据平台安全技术角度和管理角度出发，分析大数据平台所面临的安全挑战，"全面分析大数据平台的安全需求，提升安全意识，规范数据使用流程，构建数据安全管理框架，促进安全标准体系的进一步完善和提高，形成数据安全管理能力提升路线，能够极大保护国家、组织和个人的数据安全，对于国家、组织和个人都有非常高的现实意义和实践价值"。[①]

同时基于数据生命周期安全的方式对整个数据资源进行科学有效的管理，能够以更为清晰的脉络梳理数据生命周期各环节所需进行的安全管理操作，让数据管理者可以更加直观简洁地掌握数据资源管理工作的每个细节。

[①] 夏文忠、邹雯奇："大数据平台安全体系研究"，载《信息化研究》2016 年第 5 期。

第二节　数据采集阶段安全风险分析

一、数据采集阶段定义

"数据采集是信息综合性技术，主要指综合运用数据采集技术、传感器技术、信号处理技术、计算机软件技术、数据模型优化五大信息技术，构建实时的自动数据采集与处理系统"。① 数据采集系统的重要功能是将现实世界与信息系统连接起来，将各类型的数据通过网络传输的方式，存储在信息系统上，最后实现用数学模型对海量数据进行处理分析。数据采集阶段是指系统中新的数据产生或系统现有数据内容发生较大改变或数据更新的阶段。对于组织而言，采集的数据既包含组织内系统中生成的数据，也包括组织外采集的数据。更通用的描述是指通过物联网传感器采集、外部平台交换采集、手动数据录入采集等形式采集数据。数据采集位于整个数据生命周期的重要一环，它通过传感器数据、社交网络数据、移动互联网数据等方式获得各种类型的结构化、半结构化及非结构化的海量数据，见图3.4。

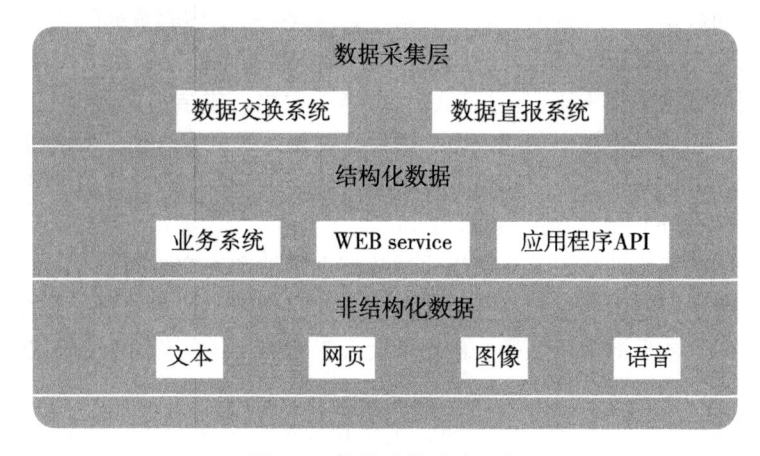

图 3.4　数据采集形式示意

---

① 林焱、周志峰："基于数据生命周期模型的数据资源管理剖析"，载《图书馆学研究》2016年第14期，第52~57页。

数据采集方法主要有三种不同方式，一是通过软件 API 统一接口，与各个业务软件厂商提供的数据接口连通对接，实现各类专有数据的采集汇总；二是通过开放数据库方式，实现数据的采集汇聚，面向对象开放数据库也是最直接的一种方式；三是基于底层数据交换的数据直接采集方式，通过获取软件系统的底层数据交换、软件客户端和数据库之间的网络数据报文，基于底层 I/O 请求与网络分析等技术，采集目标软件产生的所有数据，将数据转换清洗与重新结构化，输出和归类到自我数据库，供业务软件系统集中调用和处理。

数据采集的特征概括起来有三种特性，首先是采集数据的全面性，即数据量足够具有价值，且足以支撑起相关的分析需求；其次是采集数据的多维性，即数据是灵活的，且能够快速进行自定义，具有多种类型，从而满足不同的需求目标；最后是采集数据的高效性，即数据需求分析与需求满足的高效与及时。

二、数据采集安全风险分析

采集数据是数据生命周期的第一个环节，很多安全问题都是从这个阶段衍生而来的。概括起来，主要的风险来自如下两个方面，一是来源繁杂，数据量巨大，其中一种划分方式为涵盖线上行为数据和内容数据两种。线上行为数据包括：页面数据、交互数据、表单数据、会话数据等。内容数据的范围比较广，包括应用日志、Word 文档等电子文档、语言等多媒体数据、社交媒体数据等。二是采集的数据类型丰富，包括结构化、半结构化、非结构化数据三种。非结构化数据，一般是指用户访问日志、图片、视频、网页等信息。半结构化数据，一般类似 xml、json 之类的数据。结构化数据，一般是指传统关系型数据库（MySQL、Oracle）等存储的数据。

通常组织机构的核心业务系统通过数据合规性和真实性审查来确保数据采集的准确性，对数据质量实施严格控制，从而保障核心业务系统数据分析的安全可靠。采集数据源多种多样、数据量大，变化快，如何保证数据采集的可靠性和安全性同样重要。

数据采集阶段的安全风险分析，主要在数据的分类分级、数据采集获取、数据清洗转换与加载、数据的质量监控等方面进行。围绕上述几个方面进行定性定量的细化分析，达到数据源头的安全可控目标。同时在数据采集过程中，可能存在数据损坏、数据丢失、数据泄露、数据窃取等安全威胁，因此需要使用身份认证、数据加密、完整性保护等安全机制来保证采集过程的安全性。数据采集的技术安全风险内容见表 3.1。

表 3.1　数据采集的技术安全风险

编号	项目	具体内容
1	采集环境风险	缺乏终端设备的身份认证；数据采集人员分工权限不明确
2	采集行为风险	非法采集行为、采集行为不规范
3	采集传输风险	缺少传输加密机制
4	采集数据管理风险	临时数据存储不规范；缺乏数据分类和分级管理
5	采集设备管理风险	采集设备违规配置，采集未经授权的数据

三、数据采集阶段安全措施

数据采集阶段安全措施需要从两个方面来考虑：一是需要充分证明数据采集源是经过安全认证的，采集源的采集行为是边界界定的。二是需要保证其采集的数据是合规的，同时在送入下一个生命周期节点的数据信息是合规的。在大部分情况下采集数据流需要做匿名化和脱敏清洗的处理。"在大数据时代，数据采集的安全风险评估的主要对象是规范采集终端的接入、明确数据采集的行为规范、对敏感数据和非敏感数据进行分类分级采集、采集数据传输行为警示等方面进行评估"。[1]

大数据平台的数据采集阶段主要的风险集中在采集源、采集终端、采集过程中，包括采集阶段面临的非授权采集、数据分类分级不清、敏感数据识别不清、采集时缺乏细粒度[2]的访问控制、数据无法追本溯源、采集到敏感数据的泄密风险、采集终端的安全性以及采集过程的事后审计等。[3] 针对采集阶段面临的风险，主要的应对措施是使用传统 IT 环境的数据安全防护措施，包括文档加密技术、数据库访问控制等，这些都是较为成熟的技术，而在大数据阶段，传统方式就显得捉襟见肘。大数据时代面向数据采集阶段的安全措施主要包括：一是制定数据采集原则，明确采集数据的目的和用途，确保数据收集和获取的合法性。明确数据收集和获取源、数据收集范围和频度，确保数据收集和获取仅限数据业务所需的数据。二是制定数据收集和获取操作规程，规范数据收集

---

[1] 管磊、胡光俊、王专："基于大数据的网络安全态势感知技术研究"，载《信息网络安全》2016 年第 9 期，第 45~50 页。

[2] 细粒度控制是指将基于角色和属性的访问控制策略以及与信任模型多维度相结合的数据访问控制方案。参见吴江栋、李伟华、安喜锋："基于 RBAC 的细粒度访问控制方法"，载《计算机工程》2008 年第 20 期。

[3] 吴良："基于大数据平台的信令数据采集技术研究"，载《电子科技》2019 年第 5 期。

和获取渠道、数据格式、流程等；对数据收集和获取环境、设施和技术采取必要的安全管控措施，确保采集数据的完备、真实性。三是明确数据收集和获取过程中重要数据的知悉范围和安全管控措施，确保采集数据的合规、完整与真实。四是采取必要的技术手段和管理措施保证数据收集和获取过程的重要数据不被泄露，对数据进行完整性和一致性校验。五是跟踪和记录数据收集和获取过程，支持对数据收集和获取操作过程的可追溯性。

数据真实性分析就是通过数据清洗或者数据预处理的技术，实现对数据的分析比对和数据融合。大数据的处理则主要通过机器学习等大数据分析技术，通过算法等对数据进行分类，从而通过海量的样本分析提升数据识别的准确率。此外，数据真实性的辨识，应当从数据源头、数据传输及数据处理的全部过程来分析。具体涵盖采集阶段的安全设置，包括如下四个方面。

一是接入安全。接入安全最重要的是通过数据采集的连接限制，对网络侧安装采集源端和目标端的路由，并对于路由的访问连接范围进行限制。一般常用的数据采集主要是：收集批量文件，抽取数据库，复制网络日志及传递消息服务等。因此，在文件采集时，设定连接服务器 IP 地址的范围，将采集文件的访问权限控制在最小范围内。针对数据库抽取，限定连接数据库服务器的对端 IP 地址以及连接数量，确保连接访问权限的最小化，同时还需保持连接的指定性和定向性。

因此，数据接入安全措施指及时在进行采集时设定访问范围，针对不同种采集方式设定不同的安全策略，包括 IP 限定、连接数量、权限设定等，同时保持连接的唯一性和稳定性。

二是数据传输加密。是指在数据采集进程中，对所发送的数据进行非对称加密后再传输，以保证采集数据的安全性和完整性。现阶段主要的数据加密方式主要包括通过普通协议传输数据，但是使用软件对采集的文件进行加密处理；另外一种方式是通过特殊协议进行数据传输，如通过 HTTPS/SFTP 等方式。

三是数据权限管理。是指在所操作的账号中进行多权限管理设定，不可共用账号和权限不清晰，设定独立采集账号等。数据权限管理禁止多系统共用账号，应当按照不同系统的类型来独立设置账号，并对账号权限进行明确设置，确保不同账号对应不同的数据采集权限，最终目的是保障不同账号用户在权限范围内采集的数据进行隔离储存。不同账号用户只能在规定采集权限内进行操作，并将数据存放到指定目录下，不允许超越权限进行数据采集操作。

四是采集数据校验。包括数据的一致性校验和合法性校验，确保所采集数据的有效性和合法性。数据校验是数据进入大数据平台的必要前置程序，通过采集记录、数据容量、校验码等校验文件，检测数据的有效性和合法性，从而提升端口到端口的数据安全保障。

四、数据采集安全意义

随着与采集相关的技术水平的迅速发展，数据采集速度越来越快速高效，所采集的信息完整度也越来越高，同时也随着各种采集数据算法的不断优化，所采集的数据经过处理，结果也越来越能反映事物确定的状况。数据采集智能系统的迅速发展，是21世纪计算机应用科学技术进步的重要标志，成为现代各种大型控制决策管理系统的完备数据支撑。[1]

数据的生成无时无刻不在进行中，几乎无法通过人力进行干预。如果事先没有制定数据生成规则就会导致数据生成变得失控，从而严重影响数据使用的安全性。从数据安全的角度看，数据生成必须符合预期，任何非预期的数据生成都有可能严重影响数据安全。针对数据阶段的安全控制就可以从源头上形成强有力的安全保障。充分地保证数据采集阶段安全的各项措施，为整个数据生命周期的安全管理奠定了稳固的基础和前提。

第三节 数据传输阶段安全风险分析

一、数据传输阶段定义

数据传输阶段是指数据在组织内或组织外从一个实体通过网络传输到另一个实体的信息流动过程。更一般的定义指的是依照适当的规程，经过一条或多条链路，在数据源和数据宿之间传送数据信息的过程。也可表示借助信道上的信号将数据从一处送往另一处的操作过程。

数据的传输按照模式的不同又分为同步传输、异步传输、串行传输、并行传输、单双工传输[2]等，可适应不同的传输场景。

---

[1] 李克鹏、梅婧婷、郑斌等："大数据安全能力成熟度模型标准研究"，载《信息技术与标准化》2016年第7期。

[2] 数据通常是在两个站（点对点）之间进行传输，按照数据流的方向可分为3种传输模式：单工、半双工、全双工。单工通信只支持信号在一个方向上传输（正向或反向），任何时候都不能改变信号的传输方向。半双工通信允许信号在两个方向上传输，但某一时刻只允许信号在一个信道上单向传输。全双工通信允许数据同时在两个方向上传输，即有两个信道，因此允许同时进行双向传输。

二、数据传输安全风险分析

数据传输的安全考虑和数据存储的考虑完全一样,在非安全网络中传输需要进行加密。特别是在穿越复杂的互联网环境和外部网络时,不仅要考虑网络层加密,还要考虑数据层加密。

数据传输的安全风险主要包括:

(1)身份认证风险。未对所有数据操作人员进行合理有效的授权身份认证管理,数据访问未有明确限定和分级;管理员和对接账户密码未进行有效传输加密,未进行有效安全设定。

(2)相关软件没有保持补丁更新和缺陷修复,引起的针对数据传输安全威胁问题;关键数据未进行传输过程权限界定。

(3)敏感数据泄露。临时数据存储未进行有效管理,极易引发相关数据泄露问题;未对不同项目不同性质的数据独立进行处理,造成相关敏感信息泄露的问题;相关固定存储数据的访问权限控制不适当,造成不授权用户对数据进行修改和删除的问题。

(4)传输机制不健全。传输机制不具备高可靠性,引起的数据丢失问题;数据传输缺少认证,造成数据丢失。

(5)缺乏审计机制,包括针对账号、操作人员、传输行为、相关操作等的审计措施,导致相关违规行为的发生。

纵观数据传输阶段的存在的各种安全风险隐患,主要包括技术本身的缺陷和管理机制的遗漏或者缺失,除去上面的五个方面还有更多风险隐患细节,这里不再一一列出。

三、数据传输安全措施

访问网络和接口自身的安全风险,主要包括系统与系统之间的内部传输、系统内部接口和系统对外接口三个方面的安全风险。针对上述五个主要的数据传输安全隐患问题,现阶段主要采用的安全措施见图3.5。

第一,数据加密。数据加密一直是保密数据的重要部分,常见的加密算法有可逆加密算法和不可逆加密算法两种,可逆加密算法通常包括对称加密算法和非对称加密算法两种类型。国内外常用的传输加密技术包括上文中提到的节点加密、链路加密和首尾加密,另外还有端到端的加密。"加密算法能确保大数据的机密性,但传统的加密算法存在密钥管理复杂、加解密时计算开销过大等方面的不足,无法真正体现数据的高价值和效率。如何确保大数据的完整性和机密性,也将是一个具有挑战且值得深入研究的问题"。①

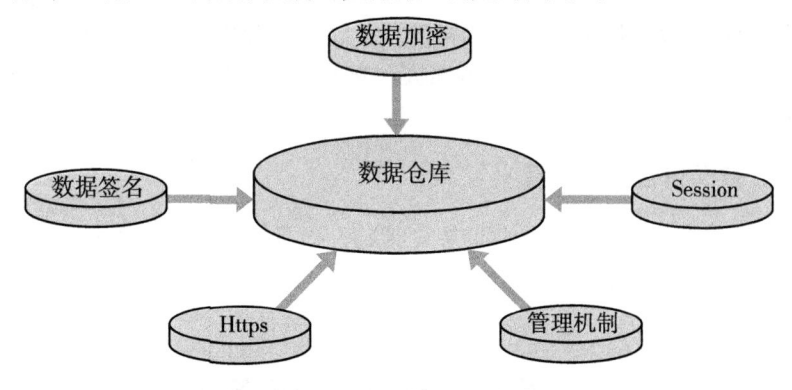

图 3.5　数据传输安全措施

第二,数据签名。从技术方面说,数据签名就是通过一个单向函数对所要传送的报文进行处理,产生别人无法识别的一段数字串,这段数字串用来证明报文的来源并核实报文是否发生了变化。一套数字签名通常定义两种互补的运算,一种用于签名,另一种用于验证。数字签名是非对称密钥加密技术与数字摘要技术的应用。数字签名具有鉴权、数据完整性、不可抵赖性等特点,可防冒充、防篡改、防重放、防抵赖、保密性高,是数据传输安全措施的重要手段。

第三,Session 和 Token 机制。Session 和 Token 机制的出现是为了校验用户状态的。Session 是由 Web 服务器维护的一种连接信息,可以用来存储当前连接的客户端相关信息。Token 是一种令牌口令,一般由 header、body、signature 三部分组成。当客户端登录到服务器时,由服务器生成,返回给客户端,并在服务器的缓存或数据库保存签名。Token 的生成会用到用户信息,并使用一个密钥按某种算法加密,并可以设置过期时间。当客户端再次连接服务器时,带上 Token,服务器端通过验证并解析出用户信息即可,省去了每次需要传输用户名、密码的烦恼。

第四,Https(数字证书机制)。Https 可以加密浏览器与服务器之间的通信内容,隐藏 URL、Cookie 和其他敏感元数据,认证信任关系,防止数据被修改。

第五,管理机制。区分安全域内、安全域间等不同的数据服务相关的数据传输场景,建立相应的数据传输安全策略和规程;采用与满足数据传输安全策略相应的安全控制措施;建立数据传输接口安全管理工作规范;具备在构建传

---

① 李树栋、贾焰、吴晓波等:"大数据安全和隐私保护——从全生命周期管理角度看大数据安全技术研究",载《大数据》2017 年第 3 期,第 19 页。

69

输通道前对两端主体身份进行鉴别和认证的能力；具备对传输数据的完整性进行检测的能力以及相应的恢复控制措施；建立机制对数据传输安全策略的变更进行审核和监控；建立数据传输链路冗余机制，[①] 保证数据传输可靠性的网络传输服务可用性。

四、数据传输安全的意义

数据的充分运用离不开大量的数据传输，而且数据传输不可控因素更多更复杂，故保证数据传输安全对整个数据生命周期的安全意义比较大。

第四节 数据存储阶段安全风险分析

一、数据存储阶段定义

数据存储阶段是指信息系统中非动态数据以所有支持的数据格式进行物理存储的阶段。开放式数据存储架构主要分为三种方式：直连式存储（DAS）、网络接入存储（NAS）、存储区域网络（SAN）。存储网络行业协会则提供了数据存储安全性的定义，存储安全是指应用物理、技术和管理控制来保护存储系统和基础设施以及存储在其中的数据。存储安全专注于保护数据（及其存储基础设施），防止未经授权的泄露、修改或破坏，同时确保授权用户的可用性。这些控制措施可能是预防性的、侦查性的、纠正性的、威慑性的、恢复性的或补偿性的。

二、数据存储安全风险分析

在整个动态数据生命周期中，多数情况下数据存储存在于非安全的网络环境中。数据存储安全风险主要存在如下五个方面。

（1）存储管理控制系统中的安全配置不符合相关安全标准的要求，启用了非必需的相关端口或对外系统服务，以致存储系统为入侵者所控制，从而引发重要数据的丢失或者损坏。"存储管理软件本身未使用完备的身份验证机制，或身份认证功能过于容易，导致系统被非法访问和控制"。[②]

[①] 冗余机制是指出于安全和可靠性等方面的考虑，人为地对数据传输链路中的关键部件进行重复的配置。参见时长江、才军："广域网络冗余机制实现方式的分析与比较"，载《计算机系统应用》2005 年第 5 期。

[②] 于乐、冯运波、江为强，等："大数据平台安全防护研究"，载《电信工程技术与标准化》2017 年第 11 期。

（2）核心存储系统没有使用完备的细粒度访问控制机制，低权限用户拥有高权限用户的访问权限造成核心重要数据被破坏和丢失。存储系统缺少更多的细粒度访问控制措施，还存在不少关键组件没有权限控制功能，任何非准入实体都能访问或使用系统的存储资源，造成重要数据被破坏和丢失。

（3）敏感数据未进行有效加密存储，非常容易引起这些数据的外泄和丢失。核心关键数据没有进行完备的加密管理，不同级别要求的数据没有采用独立管理机制，管理机制未对数据进行统一处理会造成数据外泄和丢失。

（4）针对非结构化数据的管理，由于存在分布式管理和节点种类多样性等特点，无法实现真正的统一管理控制，容易通过个别薄弱节点控制整个存储系统，还有数据完整性管理机制不健全也容易造成数据被非法修改。

（5）容灾备份机制[1]未有效部署或进行周期性演练。数据灾难发生时，相关数据彻底无法恢复或者无法及时有效恢复，从而使得关键业务无法正常运行。

三、数据存储安全措施

数据存储安全一般需要从存储整体架构、逻辑存储机制、访问控制机制、存储副本数据、数据归档机制、数据完备性和有效性等方面采取各种专项安全措施。大数据存储包含了"分布式文件系统、分布式数据库、非结构化数据库、内存数据库等，主流的组件有 Hive、HBase、HDFS、Redis 和 MangoDB 等，大数据存储安全包括数据的访问控制、加密存储、数据备份与恢复、数据销毁安全"，[2] 主要从如下几方面开展安全防护措施：一是数据访问控制。对访问数据的应用程序进行认证和操作授权分类；对数据的关键性敏感操作进行多人分权、授权管控，保证单人不能同时拥有重要数据的完整操作权限。二是数据加密存储。进行文件系统加密，使用加密手段以保证系统数据不被截取和非法利用；针对数据的重要程度采用分级加密的机制；建立分等级的数据加密方法，根据数据密级采用不同的安全存储机制。三是数据完整性。建立完善的数据完整性检测机制，防止数据在存储过程中出现关键数据受损。四是数据备份和恢复。建立完善的关键数据备份和恢复机制，从而在关键数据受损的时候，能够及时复原数据。

针对大数据平台数据在存储阶段的风险，主要的应对技术包括对大数据平

---

[1] 系统容灾是为了在遭遇灾害时能保证信息系统正常运行，实现系统业务连续性的目标，数据备份是为了应对灾难来临时造成的数据丢失问题。容灾备份机制是指应对这两种问题而采用的不同策略和控制方法。

[2] 于乐、冯运波、江为强，等："大数据平台安全防护研究"，载《电信工程技术与标准化》2017 年第 11 期。

台数据进行识别和分类分级、对重要数据存储提供加密手段、对存储在平台中的敏感数据提供更强细粒度的访问控制。在大数据平台中，存储空间隔离机制、数据加密存储机制、数据残留与销毁机制、数据存储访问控制、大数据备份与恢复机制、数据完整性保护机制等方面的安全问题需要重点关注和研究。从管理控制的角度，需要建立开放可伸缩数据存储架构，满足数据量持续增长、数据分类分级存储等需求；制定与数据存储架构相关的管理规范和安全规则；采用必要的技术和管控措施保证数据存储架构安全管理规则的实施，确保数据存储完整性和多副本一致性真实有效；确保存储架构具备对个人信息、重要数据等加密存储能力；确保存储架构具备数据存储跨机柜或跨机房容错部署能力；确保存储架构具备数据存储跨地域的容灾能力；建立满足应用层、平台层、操作系统层、数据存储层等不同层次的数据存储加密需求的数据存储加密架构。

四、数据存储安全的意义

在大数据时代，海量和多源异构数据的汇合存储，包括大量结构化、非结构化及半结构化的数据。面对日益复杂的大数据类型，数据存储管理的安全防护措施中漏洞难以避免，容易造成数据的丢失和损坏，同时各种数据的集中存储也容易被攻击。故数据存储也是整个数据生命周期管理中非常关键的一环，全面有效地保证存储数据安全显得非常重要。

第五节 数据处理阶段安全风险分析

一、数据处理阶段定义

数据处理阶段是指组织在内部针对动态数据进行的一系列活动的集合。在数据处理阶段，可以通过MapReduce这一系统工具进行大数据的并行处理，从而加快海量数据的处理。MapReduce是Map（映射）和Reduce（化简）两个阶段的软件集合，通过对海量数据进行筛选切割，分解分析任务，对数据处理的结果进行汇总，实现海量数据的并行处理。"MapReduce最初的设计宗旨是使用经济成本低廉的服务器也能进行海量数据的并行处理，因此应用性极高，即使是一致性较弱的数据或者混合数据（结构化、半结构化及非结构化数据）也可以实现快速处理。同时，MapReduce融合数据的查询、切割、分析、汇总等多种分布式处理，同时启动不同的处理节点，并行处理数据的能力较强。因此，

MapReduce 为海量数据处理提供了简易的编程模型"。①

二、数据处理安全风险分析

数据处理是数据生命周期的核心过程，确保数据被合适的使用者访问是保证数据处理安全的基本前提。访问控制和审计显然是数据处理环节必须要考虑的安全措施。数据处理的技术安全风险主要包括：一是数据平台处理组件本身的风险。数据系统平台中各存储节点以及处理节点间的互认证机制不够完备，存储节点相互之间传输机制安全级别不合适。二是数据处理能力侧的软件功能风险。系统数据处理能力侧软件在安全设计与开发过程中存在机制缺陷。

三、数据处理安全措施

数据处理一般分为分布式处理机制、数据分析机制、密文数据处理机制、数据脱敏处理机制、数据溯源机制等几种方式。主要安全应对措施有以下几种：

一是认证授权。采用严格的认证鉴权机制，使得只有特定的用户或程序能够进行数据处理访问请求；能够对敏感数据实现屏蔽，使管理员能够灵活控制返回给用户的敏感信息，实现敏感数据保护的目标；通过统一的入口控制点对访问大数据平台的所有应用提供统一认证；对所有上层应用的访问进行细粒度授权控制，防止越权访问。

二是数据脱敏。数据脱敏是指对特定敏感信息利用相关的脱敏规则进行清理和数据映射改变，实现特定敏感数据的有效完备保护，保障业务系统的正常运行；支持针对不同用户和不同敏感数据根据需求设置不同的脱敏算法；支持管理员可以配置用户查询特定数据库的特定表的特定列的脱敏算法；所选择脱敏算法具有一定的安全性，不能被轻易破解或还原；数据脱敏之后不应影响业务连续性，不应对系统性能造成较大影响；应能支持动态添加或删除脱敏算法，同时确保系统平滑升级，应用无须中断。

三是数据封装。用封装技术实现对数据具体情况的屏蔽，防止外部对数据的感染和破坏。

四是数据关联性隔离。通过对数据应用环节的数据关联性进行隔离，禁止不同环节之间的数据比对和关联，同时响应用户访问请求时，注意数据关联性隔离，防止产生敏感数据。

五是数据转移控制。数据转移通常指在不同业务系统或者从后台进行数据导出。安全控制措施包括对操作的不同权限进行规范控制，对数据导出的频率、

---

① 王蒙蒙："基于数据消冗技术的大数据加密算法研究"，华北水利水电大学 2013 年硕士论文。

数据导出的流量，或者数据源服务器等方面进行限制；同时实行数据输出标记制度，标记信息非常稳定、难以剔除，一旦发生数据被泄露，可以根据数据的标记信息进行数据转移路径的追踪；数据输出的程序规范，从而能够实现对数据传输安全的责任者和责任范围进行精准界定。

在数据安全处理及法律法规合规性审查的时候，需要在具体的业务流程中对数据进行审查，有些数据安全平台提供综合性的解决方案。例如，SkyGuard 的统一内容 Web 服务检测平台，创建并维护 UCSS 上所有数据的安全策略，从而保障数据向具有数据权限的正确用户进行传输。同时，会阻止敏感或者加密数据被错误传输给无权限用户，并向用户发送 DLP 事件警告，从而提示数据的开发人员出现代码错误，导致敏感数据被错误传输。

四、数据处理安全的意义

数据处理阶段的安全是在数据进入实际被使用的第一步，如何采取有效安全措施进行海量数据的管理是非常重要和特殊的，研究这个阶段的安全隐患和相关措施对于我们做好数据安全工作具有重要的现实意义。

第六节　数据应用阶段安全风险分析

一、数据应用阶段安全风险概述

数据应用阶段是指经由组织内部或外部及个人交互过程中提供数据的阶段。无论是机构内还是机构外的数据应用，从安全的角度考虑，数据应用的本质和采集没有太大区别，其安全的基础控制是合规。特别是当数据交换到外部机构时，数据的控制权将交付到外部机构，安全措施将无法落实到位。

在数据应用过程中，核心数据存在被恶意使用的安全风险，各个组织进行数据分析挖掘存在被去匿名化隐私侵犯的风险，还有数据被恶意二次流通的风险。

大数据平台业务应用的技术安全风险主要包括：一是对应用认证和管理权限设定不清晰，执行不严格，导致出现非法用户或者非经授权用户越权访问；二是在数据分析或者传输过程中，未对敏感数据进行加密和脱敏处理，而向第三方进行数据传输、交换等技术操作；三是数据导出行为缺乏技术控制，有些大数据应用平台的支撑层对数据导出行为缺乏技术管控，导致后台数据或者不同系统间的数据导出缺乏控制;四是大数据应用平台缺少敏感数据的识别,从而在支撑层进行数据关联分析,未能及时识别出敏感数据,导致敏感数据被非法获取;五是存在技术漏洞或者业务逻辑的权限设定管理存在疏漏,导致出现越权访问及越权进行数据操作的现象。[1]

二、数据应用安全措施

数据应用应当进行严格的身份验证,还应采取技术措施保障数据内置安全,从而保障数据应用到外部机构,数据安全合规依然生效。数据内置安全性的主要措施包括:匿名、脱敏、加密、水印。安全监控应当覆盖数据应用的全部过程,包含进行数据导入导出操作、不同主体或者系统间的数据共享、经授权进行数据发布及数据交换等。针对大数据平台数据应用阶段的风险,主要的应对技术包括数据输出时脱敏、数据输出日志审计以及数据到业务系统、用户端时需通过数据泄露防护技术进行数据防泄露。此外,应当特别注意各业务系统中的逻辑漏洞和第三方应用平台的安全问题。第三方应用平台可能出现的安全问题也比较类似,通常包括数据接入安全,数据访问或者处理的认证授权、数据分析比对等应用异常行为、敏感数据的脱敏等方面的安全评估。

具体包括以下措施:一是分析相关数据获取规范和使用机制,明确数据获取方式、访问接口、授权机制、数据使用等;建立多源数据派生、聚合、关联分析等数据分析过程中的数据资源操作规范和实施指南。二是建立数据分析结果输出的安全审查机制和授权控制机制,并采取必要的技术手段和管控措施保证共享数据分析结果不泄露重要数据等敏感信息;对数据分析结果共享的风险进行合规性评估,避免分析结果中包含可恢复的重要数据等数据和结构标识;对数据分析过程汇总重要数据等敏感数据操作进行记录,以备对分析结果的质量和真实性进行数据溯源。

三、数据应用安全的意义

数据应用安全是数据生命周期安全管理最基本也是最重要的部分,只有保护好数据应用的安全,才能充分利用好各种数据资源。因此,如何构建安全、可持续发展的数据应用体系,既是当下数据安全管理过程中面临的巨大挑战,

---

[1] 佟鑫、任望、冯运波:"大数据平台安全风险分析与评估方法",载《保密科学技术》2018年第2期。

又是亟须解决的难题。①

第七节　数据销毁阶段安全风险分析

一、数据销毁阶段定义

数据销毁阶段是指通过对数据及数据存储介质相应操作过程，使数据彻底丢弃且无法通过任何手段恢复的过程。数据销毁的一般解释为"通过技术方法和措施，将信息系统存储设备中的数据进行删除，防止未得到授权的用户通过技术手段将残留数据进行恢复，防止原始数据被复原，最终实现对关键数据的保护"。②按照数据销毁是采取物理形式还是数据覆写形式，可以分为数据软销毁和数据硬销毁两种。"数据软销毁一般采取数据覆写法，通常包括逐位覆写、跳位覆写、随机覆写等模式。数据覆写方法可以单独适用或者组合使用。数据硬销毁则通常采用物理或者化学破坏的形式，将数据存储的物理载体进行彻底销毁。相对于软销毁而言，数据硬销毁能够彻底解决数据泄露问题。物理或者化学的销毁方式一般包含物理粉碎、焚烧或者消磁及化学腐蚀等"。③

二、数据销毁安全风险分析

数据销毁显然是一个有重大破坏性的行为，确认任何销毁都要经过许可是至关重要的。数据销毁的安全风险在于数据是否被彻底消除或者敏感数据的物理介质已经被完全销毁，防范敏感数据的恢复和泄露。

三、数据销毁安全措施

具体措施包括：一是建立数据销毁策略和管理制度，明确销毁对象和流程。二是建立数据销毁审批机制，设置监督销毁的相关角色，监督操作过程。对数据进行分类管理，并按照数据敏感程度或者密级的不同建立规范科学的数据销毁技术要求、销毁要求和管理方式；针对网络存储数据，建立硬销毁和软销毁

---

① 黄静、周锐："基于信息生命周期管理理论的政府数据治理框架构建研究"，载《电子政务》2019年第9期，第85~95页。
② 赵龙："信息销毁：把好信息安全防护的最后一关"，载《信息安全与技术》2010年第7期。
③ 李敏、周安民："计算机数据安全删除的研究与实现"，载《信息安全与通信保密》2010年第10期。

的数据销毁方法和技术。三是对数据销毁的方法和技术措施进行规范,并按照硬销毁和软销毁的不同类型实施;对数据销毁技术手段与管控措施进行规范配置,确保数据及其副本销毁后无法恢复;严格依照国家保密法律和标准的要求,进行敏感数据销毁;同时建立数据销毁效果评估机制。四是对数据销毁效果进行认定;建立已共享或者已被其他用户使用的数据销毁管控措施。

在大数据技术尤其是云计算普及的情况下,个人拥有数据的删除权,但是这些个人数据如果已经被云数据存储平台进行了存储、复制或者缓存,即使用户在自己的应用系统上进行了数据删除,也无法真正地实现数据销毁。因为这些个人数据的真正控制者是云计算存储平台或者网络系统,是否能够通过合适方式销毁数据的同时消除所有的数据痕迹,个人数据的用户通常无法控制。因此,数据可信删除技术将成为未来大数据安全和个人数据权利研究关注的重点问题之一。[1]

四、数据销毁安全的意义

作为数据生命周期的最后一个环节,数据销毁同等重要。数据销毁阶段意味着数据结束生命周期,应当通过规范安全、彻底的销毁措施进行数据清理,防止物理介质未按照安全等级进行报废或者出现敏感数据泄露事件等。

第八节　数据安全保护技术应用案例

一、数据分类分级保护中的技术应用

面对纷繁复杂且多维度多格式的数据集合,一般的组织单位均需要一种高效率自动化的工具,以组织数据资产深度内容感知[2]为基础,以多维度匹配和便捷的策略转化为技术手段,来帮助组织建立数据梳理的高效辅助体系管理。基于上述问题,北京天空卫士通过在线自动聚类工具,[3] 利用人工智能算法分

---

[1] 可信删除是指在删除时进行加密数据,同时销毁密钥的方式,以保证在密钥销毁后任何人无法再得到加密密钥来恢复出原始数据的机制。现在的可信删除方案包括基于可信第三方的数据可信删除机制、基于 DHT 的数据可信删除机制和基于用户的数据可信删除机制。参见罗玉川:"面向云存储的共享数据完整性审计和可信删除机制研究",国防科技大学 2015 年硕士论文。

[2] 深度内容感知,通过深度学习中自然语言理解的方法分析获得文本内容的语义。

[3] 自动聚类是一种典型的无监督机器学习方法,聚类算法就是将数据集中的样本划分为若干个通常不相交的子集,每个子集称为一个簇,通过这样的划分,每一个簇可能对应一些潜在的属性。

析语义，通过无监督机器学习，针对海量数据进行自动分析，解决数据初步分类，辅助进行企业数据分类标准的划定，工作流程见图3.6。

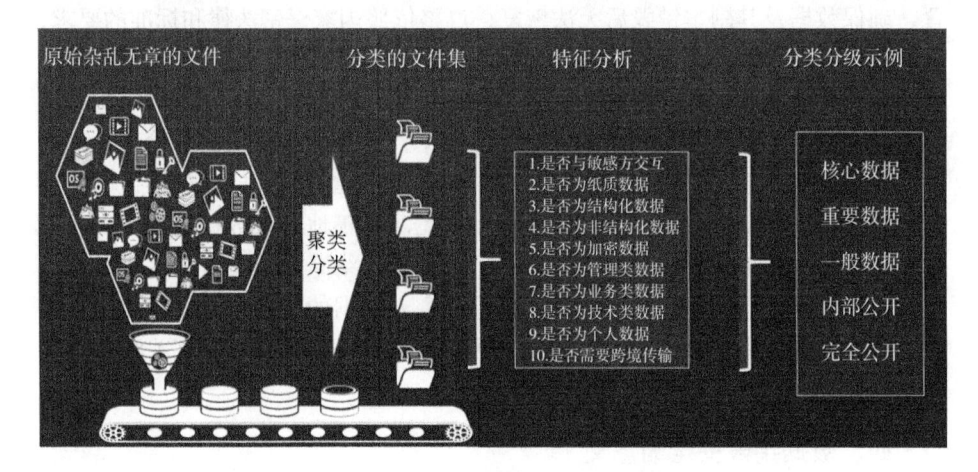

图3.6　天空卫士在线自动聚类的流程

通过信息检索加权技术降低文档中常见的词语权重，增加重要词语的权重；通过设定相似度方法针对数据进行不同相似度的分类聚类；[①] 能够在大量无效数据中发现重要的数据特征，适合处理大规模数据；具备深度学习能力，能够在大量不同的类型数据条件下，精准地实现数据内容的聚类；天空卫士的内容识别体系采用了业界先进的机器学习算法，通过友好便捷、符合常规逻辑的系统界面，根据企业的需要精准梳理大量不同格式的文档以及不同数据形态的信息，可对高达5000个文档的本地或远程的共享文件夹，进行一次性扫描并输出聚类模型。

在实际应用中，根据人工的方式获取关键字，常常给企业安全管理人员带来大量的误报事件，通过结合机器学习，使用自然语言处理可以基于上述概率模型和基本词库进行关键词抽取，[②] 还可以为行业客户定制专有名词的关键词抽取，用来提高行业用户关键词选择的有效性和准确性（见图3.7）。

[①] 分类聚类就是按照聚类算法将数据集归为不同类型。
[②] 关键词是指能反映文本主题或者主要内容的词语。关键词提取是自然语言理解（NLP）领域的一个重要的子任务。在信息检索中，准确的关键词提取可以大幅提升效率；在对话系统中，机器可以通过关键词来理解用户意图；在文本分类中，关键词的发现也对分类非常有帮助。

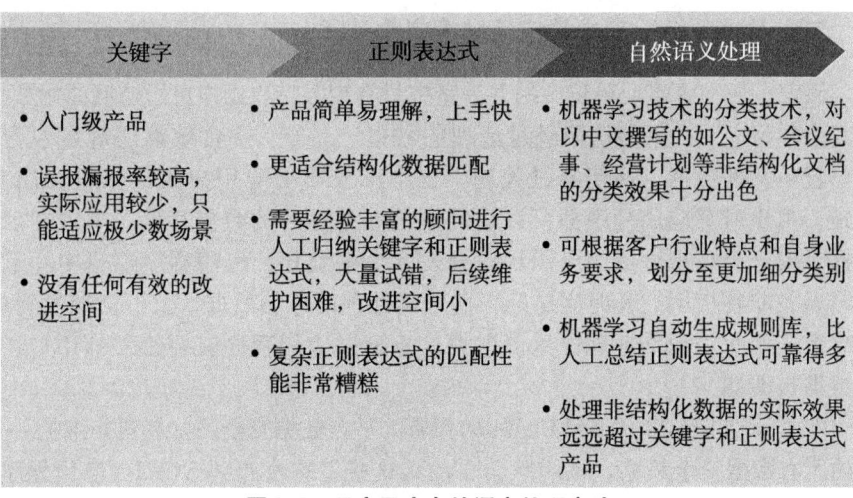

关键字	正则表达式	自然语义处理
• 入门级产品 • 误报漏报率较高，实际应用较少，只能适应极少数场景 • 没有任何有效的改进空间	• 产品简单易理解，上手快 • 更适合结构化数据匹配 • 需要经验丰富的顾问进行人工归纳关键字和正则表达式，大量试错，后续维护困难，改进空间小 • 复杂正则表达式的匹配性能非常糟糕	• 机器学习技术的分类技术，对以中文撰写的如公文、会议纪事、经营计划等非结构化文档的分类效果十分出色 • 可根据客户行业特点和自身业务要求，划分至更加细分类别 • 机器学习自动生成规则库，比人工总结正则表达式可靠得多 • 处理非结构化数据的实际效果远远超过关键字和正则表达式产品

图 3.7 天空卫士自然语言处理方法

天空卫士的在线聚类模块，可在聚类界面通过快速的策略转换按钮，即可生成对应的安全策略，匹配相关基于内容的各通道外发的文档，数据安全治理是数据内容安全的前提。通过采用天空卫士统一内容安全体系中基于机器学习算法的在线聚类技术模块，企业在最少的资金投入与技术资源配置有限的情况下，可以高效率地辅助企业进行数据治理及管理（见图 3.8）。

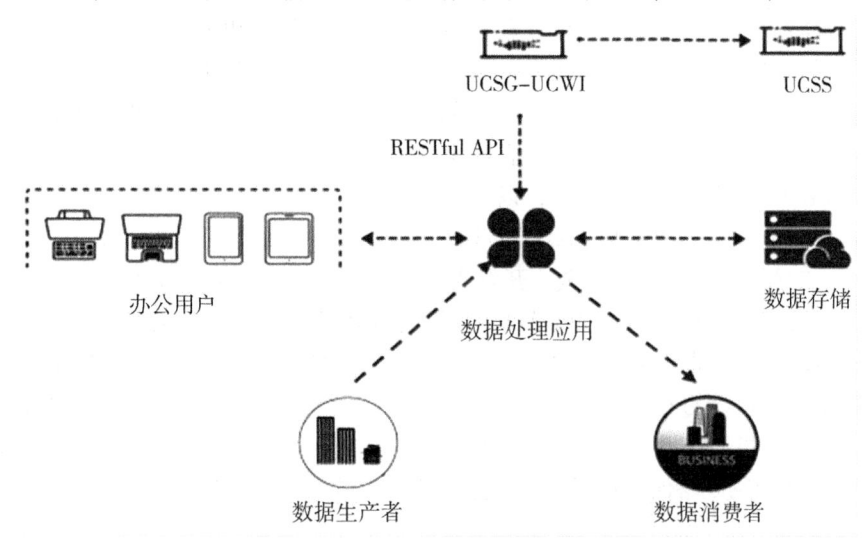

图 3.8 天空卫士数据处理流程

二、数据安全治理中的应用数据安全

假定一般的企事业单位中的办公室中只有少数特权用户可以访问原始数据，而其他办公室用户只能访问经过清理的数据。此外，平台政策还规定包含地理位置信息的数据，即使经过处理，也不应发布给非用户成员数据使用者。但是，由于所有应用程序都可以访问原始和处理后的数据存储，因此在处理数据时遵守上述规则成为应用程序开发人员的负担。应用程序逻辑中一旦出现错误，非特权用户长时间访问一些未经处理的原始数据，就不会触发警告。这导致某些无法识别地理位置的数据信息通过应用程序交付给外部用户，导致数据被泄露。

随着天空卫士 SkyGuard UCWI 的部署，平台数据安全团队创建并维护 UCSS 上的所有数据安全策略，该团队会自动将这些策略发布到 UCWI。应用程序开发人员只需在关键数据传输点提交具有适当 UCWI API 的数据，以确保不会向错误的收件人传递不适当的数据。因此，当敏感数据被传递给无特权用户时，数据传输会被阻止，并在一段时间内用户会持续收到重复的 DLP 事件警告。从而提醒开发人员，让他们意识到其在数据传输中出现了错误，该错误会将敏感数据呈现给无特权用户。

天空卫士的应用数据安全场景一般包括如下几种：一是根据 GDPR 出口 DLP 策略进行安全检查，为企业数据传输提供安全预警和干预。开发人员在编写数据导出到非欧盟国家和地区的应用程序的时候，可以调用 SkyGuard UCWI 的接口，[①] 并将本应用 ID 和需要传输的数据作为参数；UCWI 服务器从应用 ID 得知该数据是要被出口到非欧盟国家和地区的，因此会将数据对比预设的 GDPR 出口 DLP 策略进行检查，以确定是否违反企业 GDPR 数据出口安全规定；应用程序根据 UCWI 返回的结果对数据采取适当的操作（导出、阻止、记录等）。二是保障数据存储安全。开发人员将数据存储到磁盘上的日志或备份文件时，可调用 SkyGuard UCWI API，并将应用 ID 和需要写入的数据作为参数传入；UCWI 服务器通过应用 ID 得知该应用是要将数据进行持久化存储，因此会将数据对比预设的 GDPR 存储 DLP 以确定是否违反企业 GDPR 的数据存储安全规定，同时指导开发人员决定是否可以将数据写入文件。三是使用外部合作伙伴的 DLP 指纹策略保障数据传输安全。开发人员可以在将 PII 数据[②]发送到 B2B

[①] 当用户的业务系统中需要把数据导出到非欧盟实体的业务系统的时候，开发人员可以直接调用 SkyGuard UCWI 的接口。

[②] 个人身份信息（以下简称 PII 数据 Personally Identifiable Information）。

市场合作方之前的关键数据处理节点调用 SkyGuard UCWI 接口，并将应用 ID 和需要传输的数据作为参数；UCWI 服务器从应用 ID 得知该数据是要被用来传送给外部合作伙伴的，会使用外部合作伙伴的 DLP 指纹策略检查该数据，该指纹策略利用了高性能的数据库指纹并可以识别出所有明确要求不将其数据用于 B2B 营销目的的所有数据主体的 PII；然后开发人员的程序可以根据 UCWI 返回的结果决定是否发送数据到 B2B 合作伙伴。

第四章

个人数据安全和隐私权保护

第一节 个人数据的认定标准

随着数字经济浪潮及数据挖掘等新技术的运用,数据所蕴含的经济价值得到了充分体现。尤其随着各国贸易和市场的紧密联系及大数据、云存储等现代科技的发展,海量的个人数据在商事交易活动中进行存储、传输、分析等更为频繁便捷。① 从世界范围来看,数字贸易的持续推进,迫切需要海量数据的收集、流动和利用。如果海量的个人数据被某些组织和个人非法获取,并出售或者非法利用,取得非法利益,这不仅损害了公民的基本权利,更阻碍着数字经济及产业的顺利发展。美国、欧盟、日本等国家和地区根据本国和地区法律制度及数字经济发展的需要,各自规定了个人数据保护的标准。

近年来,国内外的个人数据泄露事件常有发生,除了上文详细分析的Facebook用户个人数据泄露事件外,国内很多知名网络平台及物联网企业也出现了用户个人数据被泄露的问题。在全球在线商业交易时代,个人数据安全和隐私权保护已成为与收集、传播和保护个人数据有关的主要问题。这些问题的出现深刻反映出我国在个人数据安全保障制度方面存在的不足。

一、数据与信息的联系和区别

数据与信息两者具有一定联系,但是在内涵与外延上有很大区别。数据的定义强调于一种客观事实上的记录载体,通过计算机的二进制码,具备多种外

---

① 张继红:"个人数据跨境传输限制及其解决方案",载《东方法学》2018年第6期,第37~48页。

在形式的数字文件格式如数字、文本、静止图像，音频记录，视频记录或者混合载体，可以通过设施进行收集、存储、传输等数字载体。① 相对信息而言，数据更为客观、抽象、原始，是信息表达的载体，一般通过二进制代码进行记录，可以通过设备进行处理。数据一般不能与使用者之间实现直接互动。

而信息则是数据所要表达的内容，即对二进制代码进行翻译组合等处理，显示出不同的信息。例如，通过计算机程序控制交通信号灯，就是把大量的控制信号进行翻译，从而为交通管理提供通行信息，而这种控制信号就是一种以二进制代码为表现形式的数据。即将这种二进制代码放到控制程序中进行翻译，再将翻译的结果传递给信号灯表现出来，给人们传达一种通行信息，这个过程可以提炼为：数据—处理—信息。因此，数据更强调物理形态，能够被设备或者软件处理；而信息则强调数据被分析应用后体现出来，是可以为人们所理解运用的外在形式。

二、"个人数据"与"个人信息"保护的侧重点有所区别

在实践中甚至有些法律政策文件中，数据与信息混淆使用的情况非常常见。② 在现在的数据环境下，"个人数据"与"个人信息"保护的侧重点有区别。③

对于"个人数据"的保护，更强调以个人数据为核心，能够在数据的整个生命周期，实现针对生命周期各阶段的数据安全保障。即在数据还没转化成信息之前就开始启动保护制度，尤其是在数据的收集、传输及存储阶段。例如，中国网信办《数据安全管理办法（征求意见稿）》，欧盟发布的《通用数据保护条例》等。

"个人信息"的保护则更倾向保护能够识别为特定人的数据类型，并且经过一定处理能够被人们理解的外部表现形态。学界一般认为个人信息（personal information）是指与特定主体相关联的、能够反映特定主体的基本特征，具有可识别性的信息，包括个人身份证件、家庭情况、工作、财产、医疗健康等各方面信息。④ 通常这些外在的信息，在确定信息传播范围、信息内容及确定侵害责任等法律问题方面，更为简便有效。例如，2019年10月生效的《儿童个人

---

① 贺栩栩："比较法上的个人数据信息自决权"，载《比较法研究》2013年第2期，第61~76页。
② 史宇航："个人数据交易的法律规制"，载《情报理论与实践》2016年第5期，第34~39页。
③ 本书主要使用"个人数据"，强调对个人数据生命周期全过程的安全保护。但是为了行文的方便，尤其是在引用相关法律法规及学者的研究成果的时候，也会使用"个人信息"的说法。
④ 王利明："论个人信息权在人格权法中的地位"，载《苏州大学学报》2012年第6期，第68~75页。

信息网络保护规定》使用了"儿童个人信息",对于 14 周岁以下的未成年人的个人信息实行严格保护。如果网络运营者需要对儿童个人信息收集使用或者转移披露的,应当履行告知义务,并取得儿童监护人的事前同意。《民法总则》第一百一十一条就明确规定了法律对个人信息的保护,获取以及收集使用个人信息,必须依照法律规定,并保障信息安全。我国 2020 年《民法典》第一千零三十四条规定:"自然人的个人信息受法律保护。个人信息是以电子或者其他方式记录的能够单独或者与其他信息结合识别特定自然人的各种信息,包括自然人的姓名、出生日期、身份证件号码、生物识别信息、住址、电话号码、电子邮箱、健康信息、行踪信息等。个人信息中的私密信息,适用有关隐私权的规定;没有规定的,适用有关个人信息保护的规定。"

王利明、杨立新、韩煦等民法学者认为"个人信息权"属于人格权的范畴,是自然人享有的人格权的一项具体权利,具有人格利益与财产利益的综合属性。同时结合个人信息权与隐私权在价值、功能、权利客体范围、权利属性、权利内容、保护方式等方面的区别,认为个人信息权应当独立为一项专门的民事权利。[1] 也有学者持不同意见,例如房绍坤教授提出"个人信息"人格利益尽管具有一定的社会属性,但最终应当归入隐私权保护的范畴。[2] 总体而言,隐私权更多是消极防御的权利,即排除他人或者公权力泄露、传播或者适用个人隐私数据的权利;而信息权则更倾向为对于个人信息的控制权利,从而保证在不受侵害的情况下实现信息的合理利用,如收集数据的被告知权、数据的删除权等。[3]

三、个人数据的认定标准:"已识别"标准和"可识别"标准

(1)"已识别"标准和"可识别"标准。学术研究和实践中对于个人数据的界定都采取自然人的身份识别作为标准,即能够通过数据内容识别出特定主体。个人信息的立法保护的对象是"自然人",不包括法人等拟制主体,法人的相关数据信息可以通过商业秘密等知识产权制度进行保护。[4] 个人数据尚没

---

[1] 杨立新:"个人信息:法益抑或民事权利——对《民法总则》第 111 条规定的'个人信息'之解读",载《法学论坛》2018 年第 1 期,第 34~45 页。及杨立新:"人格权编草案二审稿的最新进展及存在的问题",载《河南社会科学》2019 年第 7 期。

[2] 房绍坤、曹相见:"论个人信息人格利益的隐私本质",载《法制与社会发展》2019 年第 4 期,第 99~120 页。

[3] 杨立新:"人格权编草案二审稿的最新进展及存在的问题",载《河南社会科学》2019 年第 7 期,第 26~35 页。

[4] 贺栩栩:"比较法上的个人数据信息自决权",载《比较法研究》2013 年第 2 期,第 61~76 页。

有明确的定义,在不同国家和地区的立法中内涵与外延皆有很大差别。根据数据识别程度的不同,数据的身份识别标准又可分为以美国为代表的"已识别"标准和以欧盟为代表的"可识别"标准。① 美国的"已识别"标准下个人数据的范围较窄,主要包括直接体现特定数据主体特征的数据,不需要与其他数据比对或者结合。这些数据一般指的是特定自然人的指纹、血型、DNA、面部形象等生物特征数据、身份数据、个人家庭成员等数据及教育职业经历、身体健康和医疗数据、收入支出等财产数据,还包括与特定自然人的身份识别密切相关的特别标志。

(2) 欧盟的"可识别"标准。而欧盟的"可识别"标准则涵盖了更广泛的数据类型,除了可以直接识别出特定主体身份的数据外,还包括了单独自身不具备直接识别的能力,还需要与其他数据结合才能够识别特定主体的数据。如智能手机中记录的一般的消费习惯数据、作息锻炼等日常生活数据以及在智能导航软件中收集的定位数据等。2016年,欧盟颁布的《一般数据保护条例》,就采取了"可识别"标准,其第4条规定:"个人数据意味着与特定自然人有关的,已识别或可识别的任何数据。"因此,个人数据是指与自然人的特定个人特征存在联系,能够直接识别或者间接识别为某个特定自然人的数据。②

对"个人身份可识别信息"的界定,需要将信息与他人身份被识别的风险联系起来统筹考虑,将身份识别的风险进行不同等级的划分。③ 对个人信息的保护需要人们在采集信息时做到目的明确,对信息使用的目的进行限制,遵循数据最小化的限制利用原则、数据质量原则(采集的数据信息限于那些准确的、相关的及实时更新的信息)、数据安全原则、透明处理原则(信息处理的系统要使他人有所了解与明白),同时收集他人数据时要尽到通知义务,他人有获取、修正该数据信息的权利。

(3) 个人数据涵盖的范围非常广泛。除了我们熟悉的直接识别数据,例如,个人的身份证件号码、种族民族、基因面部指纹等生物数据、婚姻家庭信息、教育职业信息及私生活、健康医疗数据等,还包括了宗教信仰、政治观点、社会交往等数据类型;同时也包括其他可以间接识别的数据。间接识别数据通常情况表现为网络用户的地址信息、个人网络浏览的数据、个人的驾驶路线、兴趣爱好等数据。这些数据的特征是分散的、片面的、海量的。尽管这类数据不

---

① 岳林:"个人信息的身份识别标准",载《上海大学学报》(社会科学版)2017年第6期,第28~41页。
② 王利明:"隐私权概念的再界定",载《法学家》2012年第1期。
③ 苏宇、高文英:"个人信息的身份识别标准:源流、实践与反思",载《交大法学》2019年第4期,第54~71页。

会明确指向某个特定人,但是如果与其他的数据进行综合分析比对,尤其是利用数据挖掘技术,就会形成综合性的数据从而具备可识别性。例如,机动车驾驶路线的数据,通常不具有特定性,如果与工作单位的位置数据或者家庭住址的数据相结合,就有可能指向某个特定个人的每日活动轨迹。再例如,有些语音识别的设备,为了改善语音的识别与应对功能,即使在不使用的情况,也会收集用户的语音数据。海量的语音数据经过大数据的筛选、挖掘、分析,往往能够精准地预测用户的爱好、生活方式、性格特征、家庭成员甚至职业和身份信息。这些数据就可以用于精准投放广告、智能设备开发等商业用途。

(4) 个人数据载体的多样性。随着人工智能、物联网技术、数字视频和多媒体技术的普及,个人数据载体日益多元化,同时个人信息泄露的风险也显著增加。个人数据载体形式除了文本记录,更多地表现为数字文件格式,包括静止图像、音频记录、视频记录以及组合格式的数字多媒体文件。

传统的个人信息保护的重点通常放在基于文本的个人记录上。当音频,视频和多媒体文件中的隐私权受到侵犯时,个人几乎没有追索权。通常,人们根本不知道已录制了视频或音频。即使他们知道记录的存在,他们也可能不知道潜在的法律补救措施或无法获得法律救济。本书着重点在于个人针对未经其本人授权使用侵犯其隐私权的音频、视频和多媒体内容而获得法律补救的能力。它着重于对欧盟数据保护指令的分析。该指令是针对数据隐私的最全面的数字时代法律改革之一。然而,即使将该指令应用于音频、视频和多媒体记录,也存在缺陷。需要进行全球法律改革,以将隐私法带入数字视频和多媒体时代。

第二节　个人数据的两种保护模式

个人数据权也称作个人数据自决权,即个人对自己数据的全面控制和决定的权利,作为数据来源的自然人拥有对个人数据的支配权利,如知情权、数据收集同意权、数据获取权、数据修改权、数据删除权、数据遗忘权等基本权利。个人数据具备隐私权和财产权的两种法律特性。由于保护侧重点不同,各国颁布的个人数据保护标准存在明显差异,各国规范在线收集、传输个人数据的法律政策体系也显示出不同特征。

(一) 个人数据的"充分保障"模式

个人数据蕴含着个人的健康状况、医疗记录数据、指纹等生物数据,私生活等隐私信息，与隐私权、名誉荣誉等人格尊严密切关联，属于基本人权的范畴。① 因此应当采取充分保障原则，除非得到数据来源人的明确同意或者授权，禁止除数据来源人之外的其他任何主体进行披露或者使用，否则就构成对隐私权的侵犯。这种保护模式称作"充分保障"模式。例如，欧盟的《通用数据保护条例》（GDPR）特别关注个人隐私权的保护及对个人数据的决定权。此外，德国的《联邦数据保护法》也采取这种保护模式。充分保障模式要求商业组织向潜在的个人数据提供者披露其个人数据识别标准。个人数据通常包括个人的姓名、家庭成员、地址、电子邮件地址、电话号码、社会保险信息以及信用卡号、财务状况等。数据监管部门是被授权的执法主体，其职责是确保每个欧盟成员国的国内立法都符合《通用数据保护条例》确定的个人数据隐私标准，同时调查和解决任何数据隐私问题。如果数据监管部门认定存在侵犯个人数据隐私的行为，该执法机构有权完全限制欧盟成员国与其他经济实体之间的个人数据流动。此外，如果外国公司不遵守该执法机构给出的具体指令，其可以通知该公司所在国有权采取执法行动的执法机构。甚至《通用数据保护条例》赋予该执法机构实质性权力，从而执行更加严格的数据隐私保护标准。

但是随着全球经济的发展，数据的跨境流动日益频繁，片面地强调个人对数据的控制和决定权难以充分实现数据的经济价值及社会发展的客观需要。② 因此，为了弥补这种保护模式的缺陷，欧盟通过增加个人数据自决权的例外情况或者在立法中明确规定侵权责任的免除等方式来进行调整。

（二）个人数据的"适当"保护模式

个人数据本身是数字经济及数据应用技术的生产要素，具有非常高的财产价值，能够为企业和社会发展创造巨大的经济利益。③ 美国的数据保护法律政策体系中，更多的是将个人数据视作财产权，更多地关注个人数据的流通和使用。个人应该享有其个人数据信息，并且作为财产所有人应该有权控制对其个人数据信息的使用。在保护方式上，美国更重视个人数据的商业价值，倾向采取自我监管的方式，尽量减少政府的行政干预。自我监管方式允许美国公司创

---

① 华劼："网络时代的隐私权——兼论美国和欧盟网络隐私权保护规则及其对我国的启示"，载《河北法学》2008 年第 6 期，第 7~12 页。

② 刘金瑞："德国联邦数据保护法 2017 年版译本及历次修改简介"，载《中德法学论坛》2017 年第 2 期，第 339~388 页。

③ Kuner C. Data Protection Law and International Jurisdiction on the Internet（Part 2）[J]. International Journal of Law and Information Technology, 2010, 18 (3): pp. 227-247.

造独立方式来解决与欧盟等贸易主体之间的个人数据使用或者隐私权争议,如通过自行协商等争议解决机制。如果美国公司有个人数据等隐私权侵害行为,通常鼓励贸易另一方主体在美国境内解决纠纷。因此美国允许企业进行个人数据收集使用行为的自我监管,从而发展出减少政府参与的个人数据保护手段,这种方式被称作"适当"保护模式。

但是,在儿童个人数据保护领域,美国对儿童个人数据的保护是采用对儿童隐私权进行充分保护的模式。例如,在欧盟数据指令发布之前,美国国会于1998年制定生效的《儿童在线隐私保护法》。《儿童在线隐私保护法》专门保护使用互联网的13岁以下儿童的个人数据。根据该法律的要求,任何商业网站如果收集儿童的个人数据,必须发布隐私政策,详细说明收集儿童个人数据的来源、类型及用途。同时网站还必须制定并严格执行监护人通知和批准程序。这些受保护的数据通常包括儿童在用户注册中使用的,或儿童在聊天室、网页中或者其他网络空间中透露的个人数据。[①]

在儿童个人数据保护中,美国联邦贸易委员会对《儿童在线隐私保护法》的监管非常成功。美国联邦贸易委员会对美国公司在线商业交易的隐私标准执行情况进行定期检查,并严厉打击滥用消费者的个人数据尤其是儿童个人数据的行为。例如,美国联邦贸易委员会对一家位于旧金山的公司 LookSmart 处以 3.5 万美元的罚款,原因是该公司非法收集儿童的个人数据,而且该公司网站未按照《儿童在线隐私保护法》的要求公布该公司的儿童隐私保护政策。[②]

第三节 个人数据保护的基本原则

(一) 个人数据保护基本原则的重要价值

个人数据保护的基本原则应当贯彻于个人数据保护立法、执法和司法的全部过程,应当体现个人数据保护的基本规律,同时应在法律制度和政策中得到体现。大数据时代个人数据保护的基本原则是避免泄露个人隐私数据,保证个人数据尤其是敏感数据不被他人打扰或侵扰。个人隐私属于重要的人权价值,

---

[①] Robert R. Schriver. You Cheated, You Lied: The Safe Harbor Agreement and its Enforcement by the Federal Trade Commission [J]. 70 Fordham L. Rev. p. 2777, p. 2779 (2002).

[②] Zaidi K. Harmonizing U. S. – EU Online Privacy Laws: Toward a U. S. Comprehensive Regime for the Protection of Personal Data [J]. 12 Mich. St. J. Int'l L. p. 169.

不仅维护个人尊严和价值，成为个人生存发展的不可或缺的基础性权利，更成为人类社会的基础。① 个人数据保护是隐私权的基本内容之一，体现为对个人数据主体的直接保护，从而维护个人的私人空间的私密性和不受侵犯。个人数据保护法律制度应当按照一定原则进行系统设置。②

它最早起源于美国1973年政府咨询委员会有关个人数据自动处理系统秘书处发布的一份《记录、计算机与公民权利》的报告。此报告分析了个人信息自动化系统可能引发的不良后果，建议建立信息使用的保障措施。这些措施也即成为后来广为人知的"公平信息实践法则"，该法则成为当今数据保护制度的奠基石。"公平信息实践法则"清楚地阐明了处理个人信息的基本保护措施。该法则规定个人有权知道他人收集了哪些与他相关的信息及这些信息如何被使用（知情原则），有权拒绝某些信息的使用（同意原则），有权更正不准确的信息（参与原则），而收集信息的机构与组织有义务保证信息的安全与信息的可靠性（安全原则）。"公平信息实践法则"的这些要求成为1974年美国《隐私法》的基础，而该法案规范了联邦政府维护、收集、使用、传播个人信息的行为。③ 随着时间的推移，"公平信息实践法则"在各个国家与国际性组织推出的数据、隐私、个人信息保护的报告、规章、指南中得到进一步发展，并衍生出了多个版本。

（二）个人数据保护的主要原则及内容

国内的学者对个人数据保护法的基本原则进行了总结概括。如周汉华教授认为，个人数据保护的基本原则应包括：合法、权利保护、利益平衡、信息质量、信息安全、职业义务、救济的原则。④ 齐爱民教授则认为，我国未来个人数据的基本原则应归纳为目的明确、限制利用、数据安全、数据保密、保存数据限时、数据自由流通与合法限制的原则。⑤ 张新宝教授认为，个人数据保护法的基本原则包括：收集限制、收集储存个人数据应合法诚信、个人数据告知、

---

① 曾尔恕、黄宇昕："美国网络隐私权的法律保护"，载《中国人民公安大学学报》2003年第6期，第66~74页。
② 张平："大数据时代个人信息保护的立法选择"，载《北京大学学报》（哲学社会科学版）2017年第3期，第143~151页。
③ 黄蓝："个人信息保护的国际比较与启示"，载《情报科学》2014年第1期，第143~149页。
④ 周汉华："探索激励相容的个人数据治理之道——中国个人信息保护法的立法方向"，载《法学研究》2018年第2期，第5~25页。
⑤ 齐爱民、李仪："论利益平衡视野下的个人信息权制度——在人格利益与信息自由之间"，载《法学评论》2011年第3期，第37~44页。

数据的完整准确性、揭露限制、数据主体参与、数据安全保护等原则。[①] 应该看到的是，虽然学者们对个人数据保护法基本原则的概括与用语在表达上存在细微区别，但它们的核心内容都是相同的。这些基本原则体现在2020年《民法典》第一千零三十五条的规定中，该条明确规定了处理自然人个人信息，应当遵循合法、正当、必要原则，不得过度处理。处理个人信息同时应当符合下列条件："（一）征得该自然人或者其监护人同意，但是法律、行政法规另有规定的除外；（二）公开处理信息的规则；（三）明示处理信息的目的、方式和范围；（四）不违反法律、行政法规的规定和双方的约定。"个人信息的处理过程包括个人信息的收集、存储、使用、加工、传输、提供、公开等全部过程。因此，这些基本原则应当贯彻个人数据处理的全部过程。

个人数据保护主要精神内核可以概括为数据收集限制、数据收集目的明确、保证数据质量、数据安全保护、数据主体参与、数据公开透明六项基本原则。

数据收集限制原则主要是从源头上对个人数据收集的行为进行约束，从而防止对个人数据超出必要的范围进行全面收集。数据收集目的明确原则，是指数据收集主体包括政府等公共机构或其他私营主体收集个人数据必须遵守法律法规的规定，并明确告知数据主体收集的目的和收集范围，取得数据提供者同意后才可以收集，不能超越收集数据时的目的和范围进行使用和处理。保证数据质量原则就是数据收集方必须保障数据的全面真实和准确，充分利用新的技术手段进行数据分析整理，否则应当承担数据错误而侵害数据主体基本权益的法律责任。数据安全保护原则是指对数据收集的公私机构在数据采集、储存、利用等全部过程都保障数据的安全性，根据数据全生命周期理论保障数据不会出现泄露或者损害的情况。数据主体参与原则，则是通过法律制度设计数据主体的知情权、数据控制权、数据删除权等数据权利，例如，对于数据收集范围的决定权、数据使用目的的被告知权、数据删除权等。数据公开透明原则要求数据的收集、使用主体，将数据收集、存储、使用、流转的所有环节和隐私政策明确公开，防止出现政策黑洞，损害数据主体的知情权和隐私权，同时能够对数据使用主体进行监督制约。[②]

[①] 张新宝：''从隐私到个人信息：利益再衡量的理论与制度安排''，载《中国法学》2015年第3期，第39~60页。

[②] 齐爱民、张哲：''识别与再识别：个人信息的概念界定与立法选择''，载《重庆大学学报》（社会科学版）2018年第2期，第119~131页。

第四节　个人数据权利内容

大数据时代的个人数据权利涉及自然人的民事权益保护与数据企业的数据活动自由关系的协调。个人数据可以成为民事权利的客体，并应当通过私权制度对其加以规范和保护。"作为数据主体的数据权利宗旨在于通过数据主体对数据的自主决定权，从而防止数据主体的人格权和财产权益受到侵犯，如个人数据被非法收集存储或者使用流通"。[1] 同时根据我国学界的一般观点，数据主体的数据权利不同于《中华人民共和国物权法》等法律设定的绝对权利。个人数据权包括数据主体对个人数据的决定权、查询权、携带权、更正权、补充权、编辑权、被遗忘权、删除权、保密权等自我决定的权利。[2] 本节主要介绍被遗忘权和数据携带权。

一、被遗忘权

（一）被遗忘权的概念界定

被遗忘权是新型数据权利，适用于保护数据主体的个人数据及为个人目的而进行处理的数据。被遗忘权是内涵非常复杂的法律用语，国内外学术界[3]围绕这一权利存在许多争论，对其具体的内涵和性质、权利内容及救济方式仍然存在诸多不同观点。但是不争的事实是，随着个人信息数字化、默认的数据存储方式、大容量传输等网络通信技术的迅速发展，个人数据的收集、传输和利用在经济社会发展过程中存在广泛的需求，势不可挡。尽管彻底删除或者破坏这些数据在技术上可能难以完全实现，但是通过对遗忘权的程序保护能够使得相关的个人数据难以在网上搜索，逐渐被人们遗忘。构建数据主体可接纳性，并在技术和法律上可行的删除数据的权利体系至关重要。[4]

---

[1] 张里安、韩旭至："大数据时代下个人信息权的私法属性"，载《法学论坛》2016年第3期，第119~129页。

[2] 丁晓东："什么是数据权利？——从欧洲《一般数据保护条例》看数据隐私的保护"，载《华东政法大学学报》2018年第4期，第39~53页。

[3] 郑志峰："网络社会的被遗忘权研究"，载《法商研究》2015年第6期，第50~60页。

[4] 吴飞、傅正科："大数据与'被遗忘权'"，载《浙江大学学报》（人文社会科学版）2015年第2期，第68~78页。

（二）被遗忘权通过司法实践得以确认

最早在法律文件中出现被遗忘权是欧盟2012年的《个人数据保护指令的立法建议》，[①] 随后欧盟在《通用数据保护条例》的草案中仍然保留了被遗忘权的用语，但是《通用数据保护条例》的正式文本第17条则使用了删除权的概念。

1. 冈萨雷斯诉谷歌（Google）（西班牙）案件的基本事实

欧盟的学术研究和司法实践都非常关注网络隐私权的保护，对Google等搜索引擎的活动和政策成为欧盟法院审查的重点。被遗忘权再次受到学界的关注则是因为欧盟法院的被遗忘权第一案，即冈萨雷斯诉谷歌（西班牙）案件。该案件的基本事实如下：1998年1月19日，西班牙报纸《先锋报》出版了普通的纸版报纸。其中第23页登载了劳工部的拍卖清单，并非常详细地列出了被查封的所有财产，这些财产被查封的原因是为了追偿社保欠费。其中包括了冈萨雷斯与其妻子在西班牙加泰罗尼亚地区的一处房产。从2009年起，《先锋报》开始出版其在线报纸，同时提供给用户自1881年以来所有往期报纸的电子版本。冈萨雷斯先生离婚后，在互联网上搜索自己的名字来查看是否具有可用的信息。但是当他输入自己的名字时，搜索结果的第一项结果是《先锋报》显示了其房产在1998年被拍卖的信息。随后冈萨雷斯与《先锋报》联系，要求根据西班牙法律删除该拍卖信息。但是《先锋报》声称该信息是根据国家行政机关的指令合法发布的。冈萨雷斯随后尝试要求Google删除这条搜索结果。但是Google坚持认为其是基于该公司的保密算法，同时考虑到超过200项的各项因素来进行搜索结果排序。而且为了搜索结果的相关性，Google还过滤了大量的虚假信息和广告内容。因此，Google拒绝冈萨雷斯的删除请求。

根据欧盟法律的程序要求，冈萨雷斯首先应当寻求行政救济，因此他向西班牙数据保护局（AEPD）提出请求，一是要求《先锋报》删除拍卖房产的个人数据，二是要求Google删除搜索结果。冈萨雷斯认为Google应当删除或隐藏涉及他拍卖的个人数据，保证这些数据在他的搜索结果中不会出现，并且不能显示与《先锋报》的链接。冈萨雷斯的核心观点是：当搜索用户输入他的名字，搜索引擎显示的第一个搜索是10年前的房产拍卖信息，这样的个人信息无法证明其相关性和及时性。同时，他希望《先锋报》能够删除或更改页面，以便不再显示他的个人数据，或者使用工具阻止搜索引擎访问该房产拍卖数据。

西班牙数据保护局驳回了第一个请求，理由是该主管机关认为该报纸是合

[①] 伍艳："论网络信息时代的'被遗忘权'——以欧盟个人数据保护改革为视角"，载《图书馆理论与实践》2013年第11期，第4~9页。

法的、有理由的公开有关拍卖程序的相关信息。该出版物公示这些数据的目的是希望尽最大可能提供拍卖信息，从而吸引人参与拍卖。这也就意味着《先锋报》正确发布了拍卖信息，因为该信息在发布时是及时和相关的。与为报纸找理由相反，西班牙数据保护局支持冈萨雷斯对 Google 的删除数据的要求，理由是：搜索引擎必须遵守《数据保护法》的规定，因为搜索引擎属"信息中介"，其功能属于数据处理。而 Google 对于冈萨雷斯的数据公开则不符合及时性和相关性，不及时是指 Google 搜索结果指向的是 10 年前的拍卖信息，不相关是指发布数据的目的并非吸引人们参与拍卖。西班牙数据保护局同时强调即使数据在原始数据所在的网站上仍然存在，Google 仍负有责任删除该数据。

2. 被遗忘权涉及的重要问题

Google 随后向西班牙最高法院提出诉讼，要求撤销西班牙数据保护局的决定。西班牙最高法院就该案件向欧洲联盟法院（CJEU）进行咨询，其中涉及以下几个重要问题。

一是在相关数据是由第三方提供的时候，搜索引擎是否承担相关数据主体个人数据的保护义务，应当承担什么责任？第三方网站上有大量的个人数据，有些数据主体不希望这些与他们相关的个人数据，可以通过搜索引擎被其他互联网用户通过链接、定位和索引等方式免费、无限期获得。

二是西班牙最高法院审理类似案件适用什么法律？欧洲联盟法院（CJEU）认为应当适用 1995 年欧洲议会和理事会的 95/4637 号指令。该指令的主要内容是如何在个人数据处理方面更好地保护个人隐私。该指令第 1 条指出，为了给予个人数据提供保护措施，在欧洲共同体中对个人数据进行的任何处理行为都必须遵守成员国的法律。因此该案件在这种情况下适用成员国西班牙的法律。

三是 Google 是否能够成为 95/4637 号指令中所指的"数据控制者"（data controller）？[1] Google 搜索引擎的数据处理过程大体如下：第三方将数据放置在互联网上，谷歌将这些海量数据自动编入索引目录，并进行暂时存储。如果互联网用户登录搜索引擎并输入关键词，则谷歌应用自己的算法来确定该数据信息应出现在链接列表（或者搜索结果）中的位置。Google 声称搜索引擎并未真正"处理"信息，因为他们的算法无法区分个人数据和其他页面上的信息。

根据欧盟第 95/4637 号指令第 2（b）条对数据处理的界定：无论是否通过人工或者自动方式进行，对个人数据进行的任何单一或一组的操作行为都构成数据处理。这些行为包括：个人数据的收集、记录、组织、存储、改编或更改、

---

[1] 段卫利："新兴权利案件的裁判方法分析——以欧盟'被遗忘权第一案'为例"，载《学习与探索》2019 年第 6 期。

检索、咨询、使用、传播或以其他方式披露、数据组合、数据删除或销毁等。①毫无疑问，Google 的搜索引擎在互联网上对个人数据建立索引、存储和并将这些个人数据提供给搜索引擎的用户使用。② 由于搜索引擎收集了这些数据并使其可用，因此构成数据处理行为，应当适用欧盟第 95/4637 号指令的约束。

同时法院也重申，该指令不仅适用于错误的个人数据，也适用于不适当的数据、与处理目的不相关的数据或超出限度的数据、未能保持持续更新的数据或者超出必要保存时间的数据。超出必要保存时间的例外情况是基于历史、统计或科学分析的目的而必须保留这些个人数据。

四是冈萨雷斯的被遗忘权是否应当得到救济？Google 认为链接应该保留，因为它并没有任何地方违反该指令的要求，因此删除链接没有任何令人信服的合法依据。同时，Google 指出该指令并未涉及如何处理导致有偏见或数据主体想要被遗忘的数据。但是冈萨雷斯引用了隐私权的基本概念，同时引申出被遗忘的权利优先于搜索引擎运营商的任何合法利益及对个人数据的兴趣等利益。欧盟法院支持冈萨雷斯的主张，重申：被遗忘权属于隐私权的重要内容，因此每个人都应该有权利从互联网上删除旧的或无关紧要的数据内容，尤其是该信息以某种方式隐含了违法或者犯罪数据。法院同时强调：个人数据可能会过期，即使这些个人数据是依法发布的，但如果与现实的情况不再相关或已经联系不充分，过期数据必须被删除。③

因此被遗忘权正式得到确认为数据主体的民事权利，在该权利受到侵犯时，可以请求司法救济。④ Google 在案件判决后，为了更好地满足欧盟居民删除个人数据这一需求，专门制作了网页，欧洲居民可以在该网页请求搜索引擎删除与其名称相关联的、包含不良个人信息的链接。⑤

（三）被遗忘权的性质

对于被遗忘权的性质，有学者认为其与人身权密不可分，但是有可能与言论自由产生冲突，同时基于人身权对被遗忘权进行保护还必须解决公共领域的数据流通问题，只有对数据流通和被遗忘权设置良好的法律制度，才能更好地

---

① Council Directive 95/46/EC art. 28, 1995 O. J. (L 281) 31,

② Google Spain SL v. Agencia Espafiola de Proteccion de Datos (2014).

③ Google Spain SL v. Agencia Espafiola de Proteccion de Datos (2014).

④ 何治乐、黄道丽：''大数据环境下我国被遗忘权之立法构建——欧盟《一般数据保护条例》被遗忘权之借鉴'', 载《网络安全技术与应用》2014 年第 5 期, 第 172~177 页。

⑤ Robinson F (2014) EU orders Google to let users erase past. The Wall Street Journal, May 14.

实现个人权利、言论自由及数据流通之间的真正平衡。① 杨立新等学者认为被遗忘权是网络信息领域保护个人数据的权利,从而在大数据时代来临的时候,为保护个人数据安全而提供的重要法律救济途径。② 因此应当在借鉴其他国家法律制度的基础上,将被遗忘权纳入民法人格权的体系中,并认为救济方式可以通过成熟的侵权责任制度来进行,具体可以适用侵犯隐私权以及侵权责任的一般条款。

最优选择是在现有法律体系和框架内,保护数据主体基于被遗忘权而享有的权益,而且通过人格权的司法救济途径进行保护其侵害结果的类型完全可以为当前司法实践中对人格权的保护类型所覆盖。③ 被遗忘权的权利宗旨在于通过删除个人的负面数据(如医疗数据、财产抵押记录甚至是发布的照片等),从而确保个人的隐私不受打扰、私人领域不受打扰、自治及人格的完整性,最终保障民主社会的公共参与和多元化。④

(四)被遗忘权的权利内容和救济体系

1. 被遗忘权的权利内容

被遗忘权应当在言论自由和公民的网络隐私两者之间实现权益平衡。应当进行3个层面的分析,明确在什么情况下,数据主体可以请求删除网络数据,主张被遗忘的权利。⑤ 第一,假如网络数据已经被发布或者出版,但是并不具备新闻价值,其内容侵犯人的基本权利,除非个人选择,否则绝不应发布这样的信息数据。第二,如果数据信息或网络上的表达意见,是由数据主体自行发布的,并且属于与自身相关联的信息或者数据(如网络留言、社交网络上传的个人数据或者照片等),他们应有权删除这些数据。这不仅应适用于个人的敏感数据(如财务或医疗数据)也包括数据主体单独发布的任何数据。第三,如果个人数据已过时或者数据所处的网络环境已经发生变化,如果没有令人信服的理由继续保持个人数据公开的,则应将其删除。这些分析途径应当

---

① Sartor G. The right to be forgotten: Balancing interests in the flux of time [J]. International Journal of Law and Information Technology, 2015, 24 (1): pp. 17 – 24.

② 杨立新、韩煦:"被遗忘权的中国本土化及法律适用",载《法律适用》2015 年第 2 期,第 24~34 页。

③ 丁宇翔:"被遗忘权的中国情境及司法展开——从国内首例'被遗忘权案'切入",载《法治研究》2018 年第 4 期,第 29~41 页。

④ 漆彤、施小燕:"大数据时代的个人信息'被遗忘权'——评冈萨雷斯诉谷歌案",载《财经法学》2015 年第 3 期,第 104~114 页。

⑤ 万方:"终将被遗忘的权利——我国引入被遗忘权的思考",载《法学评论》2016 年第 6 期,第 155~162 页。

根据数据和数据主体的具体情况进行单独适用或者一起结合适用。当前的法律保护途径比较缺乏有效手段。2020年《民法典》第一千零三十七条规定："自然人可以依法向信息处理者查阅或者复制其个人信息；发现信息有错误的，有权提出异议并请求及时采取更正等必要措施。自然人发现信息处理者违反法律、行政法规的规定或者双方的约定处理其个人信息的，有权请求信息控制者及时删除。"

被遗忘权的权利内容主要包括消极权利和积极权利两个方面，具体而言有三项重要权利。

一是对个人数据的积极权利。这主要体现为数据主体对于个人数据的控制权，即数据主体有权利决定是否分享个人数据，以何种方式（包括时间、地点、方式、途径等）分享个人数据。这还体现为数据主体自主决定是否许可他人对个人数据进行收集、记录、组织、存储、检索、咨询、使用、传播或以其他方式披露等各种方式的数据处理行为。同时数据主体有权利决定分享个人数据的主体、范围和目的、数据分享的条件方式等。此外，数据主体享有被明确告知的权利，除非有法律的明确授权，任何主体需要处理数据主体的个人数据应当明确告知数据主体，并取得明示或默示的同意。此外还包括数据主体的权利在受到侵犯时，其享有向个人数据保护的行政机关和法院申请救济的权利，即救济请求权。

二是数据主体享有查询、停止分享、删除个人数据的合法权利。数据主体有权利随时对个人数据进行查询，从而获得个人数据处理的真实情况。这些数据处理的情况包括个人数据处理的理由、数据处理的用途范围、数据处理的方式等，如果数据处理者有违反数据主体的意图或者违反双方约定等法定情形，数据主体可以随时请求数据处理者进行数据更正或删除个人数据等。[①]

三是数据主体享有的消极权利，即使个人数据所承载的个人隐私领域保持独立、安宁不受打扰、维持人格尊严以及满足个人生活需求等方面的权利。[②]

2. 被遗忘权的救济途径

对于被遗忘权的概念性质和是否本土化，仍然存在许多争议。2020年《民法典》第六章将个人信息视作一项独立的民事权利进行保护，并在第一千零三十八条规定了该权利受到侵犯的时候信息收集者和控制者应当承担的补救措施。根据该条的规定信息收集者、控制者不得泄露、篡改其收集、存储

[①] 彭支援："被遗忘权初探"，载《中北大学学报》（社会科学版）2014年第1期，第36~40页。

[②] 满洪杰："被遗忘权的解析与构建：作为网络时代信息价值纠偏机制的研究"，载《法制与社会发展》2018年第2期，第199~217页。

的个人信息；未经被收集者同意，不得向他人非法提供个人信息，但是经过加工无法识别特定个人且不能复原的除外。信息收集者、控制者应当采取技术措施和其他必要措施，确保其收集、存储的个人信息安全，防止信息被泄露、篡改、丢失；发生或者可能发生个人信息被泄露、篡改、丢失的，应当及时采取补救措施，依照规定告知被收集者并向有关主管部门报告。

对于被遗忘权的司法救济措施，国内学者的意见基本一致，即纳入一般人格权进行保障，同时除了可以对个人数据进行删除外，还可以采取屏蔽、断开链接等手段，从而实现个人数据被遗忘权的保护。① 同时，如果数据主体因此而受到物质或精神损害，还可以根据《中华人民共和国侵权责任法》（以下简称《侵权责任法》）提出相应的物质和精神损害赔偿。该救济途径主要依据《侵权责任法》第三十六条②规定，明确规定网络服务供应商在接收了数据主体要求删除个人数据的请求，但是没有及时采取删除、屏蔽、断开链接等必要措施的，符合《侵权责任法》规定的侵权责任的构成要求，因此由网络服务供应商承担侵权责任。拒不接受信息主体行使被遗忘权请求删除有关信息，具有过错的，尽管还没有直接适用于被遗忘权保护的条款，③ 但是，该法第六条关于过错责任原则和侵权责任一般条款的规定，却是保护被遗忘权的有效法律规定。

（五）我国被遗忘权第一案及简要分析

1. 任某诉百度公司侵犯其姓名权、名誉权、一般人格权（被遗忘权）案

该案被认为是我国被遗忘权第一案。该案情简介如下：任某某的专业领域为人力资源管理、企事业管理等管理学领域，于 2014 年 7 月至 11 月与无锡陶氏生物科技有限公司有过短暂的合作关系。2015 年获得国家高级人力资源师资格的任某某在北京市海淀区法院起诉百度搜索。诉讼的原因是他在百度搜索引擎输入自己的名字，出现的搜索结果在他的名字前显示陶氏教育、无锡陶氏教育等前置定语。由于陶氏教育在教育行业内商业声誉一般，并被许多人指责用匪夷所思的思维训练方式来训练学生，被很多人认为是骗子公司。由于出现了

---

① 张里安、韩旭至："'被遗忘权'：大数据时代下的新问题"，载《河北法学》2017 年第 3 期，第 35~51 页。

② 《侵权责任法》第三十六条网络侵权责任规定，网络用户、网络服务提供者利用网络侵害他人民事权益的，应当承担侵权责任。网络用户利用网络服务实施侵权行为的，被侵权人有权通知网络服务提供者采取删除、屏蔽、断开链接等必要措施。网络服务提供者接到通知后未及时采取必要措施的，对损害的扩大部分与该网络用户承担连带责任。网络服务提供者知道网络用户利用其网络服务侵害他人民事权益，未采取必要措施的，与该网络用户承担连带责任。

③ 刘文杰："被遗忘权：传统元素、新语境与利益衡量"，载《法学研究》2018 年第 2 期，第 24~41 页。

这样的搜索结果，让原定聘用任某某的北京某公司与任某某解除了劳动合同协议。任某某认为虽然其与陶氏教育有非常短暂的合作关系，但是并未与该公司存在劳动关系，因此百度的搜索结果导致自己在教育和管理行业内的相关评价被贬低，名誉权受到侵害，最终影响到其就业。任某某多次与百度公司联系，并提出删除以上搜索结果，但是均被百度公司拒绝。最终任某某向法院提起诉讼，其诉讼请求为：请求人民法院判令百度公司停止侵害，删除有关关键词，赔礼道歉，赔偿精神损失。在庭审过程中，任某某向法院提供了与北京某公司的《解除劳动合同协议》等证据材料。北京某公司（甲方）与任某某（乙方）双方解除劳动合同协议的主要理由是北京某公司在百度上搜索发现陶氏教育任某某等字眼，认为任某某与无锡陶氏教育存在某种联系。①

2. 案件审理情况

该案件经过两审终审，最终驳回了原告任某某的诉讼请求。其中一审法院驳回诉讼请求的理由是被遗忘权并不属于我国法定的民事权利类型，因此无法根据《侵权责任法》的规定进行法律救济。按照《侵权责任法》的规定，只有侵害民事权益，才承担法定侵权责任。而被遗忘权并非民法所保护的合法民事权利，因此也就缺乏侵权的前提。② 二审法院驳回诉讼请求的理由虽然承认了被遗忘权是欧盟法院通过司法程序所确认的法定权利，但是仍然强调被遗忘权在我国目前的法律体系中并没有详细规定，无法将其纳入法定权利的保护范围。③ 法院驳回了任某某认为其一般人格利益应当进行保护的主张。④

（六）被遗忘权的本土化

在大数据时代，尤其是云存储等技术的突飞猛进，任何数据主体想彻底删除个人数据几乎难以实现。而对"被遗忘权"内涵存在多种学说，因此保障"被遗忘权"应用不同的技术措施与法律制度体系。2014 年欧盟对《一般数据保护条例》进行修订时保留了删除权的内容，"被遗忘权"没有得到保留。2018 年欧盟《一般数据保护条例》（GDPR）的正式版本公布，其第十七条修改为删除权（right to erasure）。是否继续推动"被遗忘权"的本土化还是从我

---

① 参见北京市第一中级人民法院（2015）一中民终字第09558号民事判决书。
② 段卫利："论被遗忘权的司法救济——以国内'被遗忘权第一案'的判决书为切入点"，载《法律适用》（司法案例）2017年第16期，第55~62页。
③ 张建文、李倩："被遗忘权的保护标准研究——以我国'被遗忘权第一案'为中心"，载《晋阳学刊》2016年第6期，第127~133页。
④ 参见北京市第一中级人民法院（2015）一中民终字第09558号民事判决书。

国目前的法律权利体系中寻找类似的解决方案?① 对于这个问题，学者们的观点不尽相同。被遗忘权的本土化仍然存在许多争议，有些学者认为应当推动被遗忘权的本土化，从而使得被遗忘权成为民法人格权的一种新型权利。② 也有学者认为推动被遗忘权的本土化路径应当综合考虑数据全生命周期、公众知情权与言论自由、个人隐私保护和数据产业发展等因素，同时也应当结合我国的法律制度体系和制度的可操作性。③ 另外被遗忘权在我国公司法尤其是在董事监事等聘用规定中得到一定程度体现。也有学者认为2014年最高人民法院发布的《关于审理利用信息网络侵害人身权益民事纠纷案件适用法律若干问题的规定》（以下简称法释〔2014〕11号）第十二条的规定也可以为被遗忘权受侵害的救济留有适用的空间。因此，在我国专门制定《个人数据保护法》时应当从立法角度确立被遗忘权的制度体系，并探讨设立统一的数据保护机构，从而真正实现对被遗忘权的保障。④

也有学者认为应当有限度地接受被遗忘权的概念，但是最终建立适合我国的个人数据保护体系，完善对数据主体的权益保护更为重要。⑤ 但是也有些学者认为中国处于数据产业后发国家，对于数据产业的创新应当鼓励，同时互联网的舆论监督功能对于政治经济社会发展非常重要，被遗忘权的本土化超越了我国社会的发展水平，因此对于被遗忘权的移植应当持非常审慎的态度。⑥ 随着大数据技术的不断发展，被遗忘权将会拓展到更为广阔的领域，尤其是有些数据主体处于特定情形，容易受到负面信息的影响，例如，上述案件中的任某某处于劳动者这样的法律地位，如果受到负面评价，则有可能损害其劳动权利。此外数据主体还包括某些特定疾病患者或者犯罪分子等。⑦ 可以通过设定数据

---

① 陈昶屹："现有法律体系下'被遗忘权'案件的审理思路及保护路径——从我国'被遗忘权'第一案说起"，载《法律适用》2017年第2期，第41~46页。
② 参见杨立新、韩煦："被遗忘权的中国本土化及法律适用"，载《法律适用》2015年第2期，第24~34页；王茜茹、马海群："开放数据视域下的国外被遗忘权法律规制发展动向研究"，载《图书情报知识》2015年第5期，第121~128页。
③ 卓力雄："被遗忘权中国适用论批判"，载《长白学刊》2019年第6期，第69~77页。
④ 薛丽："GDPR生效背景下我国被遗忘权确立研究"，载《法学论坛》2019年第2期，第101~110页。
⑤ 万方："终将被遗忘的权利——我国引入被遗忘权的思考"，载《法学评论》2016年第6期，第155~162页。
⑥ 丁宇翔："被遗忘权的中国情境及司法展开——从国内首例'被遗忘权案'切入"，载《法治研究》2018年第4期，第29~41页。
⑦ Lee H J, Yun J H, Yoon H S, et al. The right to be forgotten [J]. Proceedings of the Association for information Science & Technology, 2016, 52 (1): pp. 1–3.

信息的储存时间等方式来保障这些人的权利。①

二、数据携带权

（一）数据携带权的概念

1. 数据携带权的产生背景和内容

我国学者对数据可携带权或者数据携带权的界定是："数据主体对个人数据的权利，其内容为原始的个人数据被数据服务提供商转换为电子方式，并通过数据结构化和常用的格式进行处理后，数据主体仍然有权从数据服务提供商处获得其个人数据的副本，并将数据副本携带转移给其他数据服务提供商从而可以进行再次利用的权利。"② 作为互联网的普通用户，尽管原始的个人数据属于数据主体，但是由于个人数据经过数据控制者（如运营商或者云服务提供者）技术处理后，数据的形态会发生很大变化，数据主体往往缺乏技术手段来再次完整取得或者控制个人数据。

数据携带权的设定目的是防止某些数据控制者利用技术或者政策壁垒为数据转移行为设置障碍、阻碍竞争，同时保障数据主体对个人数据的控制权。③ 互联网在线服务（如在线导航、在线支付、在线购物等）正在蓬勃兴起，为消费者提供了许多前所未有的便捷服务。但是获取这些网络在线服务需要用户披露并使用用户的个人数据。这些个人数据具有重要的商业价值，在超越竞争对手方面存在显著优势，可以更好地满足客户在线服务的需求，提供更高质量的服务。有些在线服务（如在线心理评估）对客户的个人数据进行分析成为其商业模型的核心内容。此外，个人数据具有商业价值还体现为网络服务提供商能够对不同的客户群体进行有针对性的广告宣传。

提供网络在线服务的公司将从大量个人数据中获得较高的商业利益，从而可能会对新的在线服务提供商进入市场制造壁垒，从而使用户无法从竞争中受益。此外，通过掌握这些个人数据，当用户需要将个人数据转移到新网络服务

---

① Kodde, Claudia. Germany's "Right to be forgotten"—between the freedom of expression and the right to informational self–determination [J]. International Review of Law, Computers & Technology, 2016: pp. 1–15.

② 丁晓东："论数据携带权的属性、影响与中国应用"，载《法商研究》2020 年第 1 期，第 73~86 页。

③ 田新月："欧盟《一般数据保护条例》新规则评析"，载《武大国际法评论》2016 年第 2 期，第 466~479 页。

提供商时将有可能变得昂贵。① 由于个人数据具有非常高的商业价值，在线服务商往往会保留收集的个人数据并阻碍其用户重复使用他们提供的个人数据。此行为会导致产生个人数据的锁定效果，从而损害市场竞争、损害数据主体的权利。②

欧盟《一般数据保护条例》（以下简称《数据保护条例》）第二十条规定了"数据可携带权"的基本权利，立法宗旨在于一方面保障数据主体对于个人数据的控制权利，另一方面防止出现对个人数据的垄断、阻碍市场竞争等负面情形。《数据保护条例》中的数据可携带权实际上可以分为两项基本的数据权利，即数据获取权与数据传输权。《数据保护条例》第二十条有两款规定，第一款定义了数据携带权的定义，并授予数据主体拥有获得其提供给数据控制者的个人数据的权利。这些个人数据通常体现为结构化、常用的机器可读格式。在获得这些处理过的个人数据后，数据主体有权将这些处理过的个人数据发送给另外一个数据控制者，并且这种权利的行使不受之前数据控制者的影响和阻碍。《数据保护条例》第二十条第二款则在技术可行的情况下，授予数据主体直接将个人数据从一个数据控制者传输到另一个数据控制者的权利。这个权利与数据接近权非常类似，数据接近权已经被1995年的数据保护指令明确规定，但数据携带权拓展了一项权利内容即个人数据在不同的数据控制者（如互联网提供商、社交平台等）之间直接传输。

需要特别注意的是：从欧盟立法者的立法目的来看，数据携带权的行使并不意味着数据主体将首个数据控制者掌握的个人数据进行删除或者撤回，相反，设定数据携带权的目的是促进个人数据在不同数据控制者之间的转移，保障个人在不同的互联网服务中得到充分利益，从而为建立以使用者为中心的数据服务模式奠定坚实的基础。③

2. 数据携带权与数据权、被遗忘权之间的联系与区别

首先数据获取权、被遗忘权有可能与数据携带权产生重叠。如数据携带权的第一项内容就是数据主体对于自己提供的个人数据的获取权。其次这三项权利又存在明显的区别。数据携取权的权利内容和性质与数据获取权有着本质的区别，数据获取权的权利范围更为宽泛：它所指向的除了数据主体提供的数据

---

① 卓力雄："数据携带权：基本概念，问题与中国应对"，载《行政法学研究》2019年第6期，第129～144页。
② Gabriela Zanfir. The Right to Data Portability in the Context of the EU Data Protection Reform [J]. 2013, 2 (3): pp. 149-162 (14).
③ Purtova. Data Portability and Data Control: Lessons for an Emerging Concept in EU Law [J]. German Law Journal, 2018, 19 (6): pp. 1359-1398.

外，还包括获知数据处理的目的、数据的分类、个人数据的接收主体或向谁披露；获得数据主体的其他数据权利；数据源的任何有关信息；自动决策和处理逻辑的任何有用信息；以及数据处理过程对数据主体的影响等信息。同时数据获取权对所获得的数据格式并没有明确规定，而数据携带权则要求获得的数据必须结构化和采取机器可读格式。

数据携带权与被遗忘权的区别在于适用情形完全不同。数据携带权要求数据控制者不得对某些数据主体有歧视和偏见，不得根据国籍或者民族、种族等原因制定或者实施不同的数据携带政策。而被遗忘权的行使，则要求数据主体与被删除的数据之间必须存在利益联系。① 这也意味着如果数据主体想将自己的个人数据从不同的数据控制者之间进行移动，行使的是数据携带权。而如果想要删除某个数据控制者掌握的个人数据，则数据主体应当主张被遗忘权。

（二）数据携带权的适用情形

该权利适用于提供给数据控制者的个人数据。② 欧盟成员国已经通过类似的举措提供了数据可携带性，使个人可以通过数据的便携式和安全的方式查看、访问和使用其个人消费和交易的个人数据。例如，网络邮件服务创建的联系人目录、电子邮件地址、用户名、密码、在线购买的书单或信用卡的网络交易信息或者银行的还款记录等都属于数据携带权的权利范围。③

同时对数据携带权的适用范围应当作出扩大解释，并不仅限于数据主体提供的或者与网络服务提供商提供服务有关的个人数据。虽然这些数据不是数据主体为了得到网络服务直接提供的，但是如果这些数据能够进行分析推断或推导，与数据控制者提供的服务有关，均可以受到保护。而且在目前的互联网应用的现实情况下，对于大量个人数据被收集的情况，数据主体往往是不知情的，因此数据主体根本不具备专业的技术背景来判断哪些数据是自己提供的，哪些数据是不需要提供的。例如，有些数据需要通过使用网络服务或设备对个人数据进行分析比对才能得到，如位置数据和交通数据、智能手表数据、心率数据及搜索历史等。同时需要注意尽管"提供数据"需要进行扩大解释，但这并不意味着扩大是无限的。例如，对网络用户的健康状况评估或为风险管理和财务

---

① 李媛："被遗忘权之反思与建构"，载《华东政法大学学报》2019年第2期，第57~67页。

② 李蕾："数据可携带权：结构、归类与属性"，载《中国科技论坛》2018年第6期，第143~150页。

③ De Hert P, Papakonstantinou V, Malgieri G, et al. The right to data portability in the GDPR: Towards user - centric interoperability of digital services [J]. Computer Law & Security Review, 2018: pp. 193-203.

法规而创建相关数据，如信用记录或遵守反洗钱规则记录等应排除。此外，数据用户通过个性化的推荐、用户分类或分析而生成的衍生数据或推断数据，不属于数据携带权的适用范围。

（三）数据携带权的价值

对于个人数据携带权的设定能够促进数据产业的创新机制，这点得到了欧盟委员会的确认，对于数字产业中的初创公司和大量的中小型企业而言，如何能够在数字巨头占据主导地位的数据市场获得消费者的认可的重要手段之一，就是提供更好的隐私权保障措施和更为友好的纠纷解决方案。吸引更多的用户使用这些中小型创新企业的产品，有一个重要的前提条件是允许数据主体能够自由充分地携带其个人数据进行转移，因此从法律角度承认数据主体的数据携带权对于提高经济竞争力至关重要。[①]

同时，数据携带权能够保障数据主体在保证个人数据可用性的条件下，以安全可靠的方式轻松地将个人数据从一个互联网应用环境移动、复制或传输到另一个互联网应用环境。从经济角度来看，数据主体作为普通的网络用户，享有数据携带权能够使用此数据找到更优惠或者更适合其消费习惯的网络应用程序和服务提供商。

（四）数据携带权的局限性

数据携带权的切实保障需要非常完备的法律制度体系和成熟的司法制度。因此没有相关的制度配套，单纯的规定数据携带权无法实现该权利真正落地。[②] 例如，数据转移限制措施，往往难以制定统一的法定判断标准，需要法官在个案中针对案件的具体情形进行具体分析。

数据主体在行使这样的权利的时候，需要数据控制者将原有的个人数据交给数据主体，并对原有数据进行彻底删除。如果没有规定严格的法律责任和执法司法制度，数据控制者会设置数据转移的限制性措施或者不删除相关数据。[③] 数据控制者可能设置法律、技术或者经济上的限制性措施，从而限制、阻碍、减少可能被其他数据提供商再次利用的数据转移。例如，互联网用户在与网络提供商签订合同时，合同条款中会对数据转移进行限制；或者有些网络提供商

---

① Vanberg, A. D., M. B.. The right to data portability in the GDPR and EU competition law: odd couple or dynamic duo? [J]. Eur. J. Law Technol. 8 (1) (2017).
② 黄小燕："欧盟网络个人信息法律保护研究"，暨南大学 2018 年硕士论文。
③ 陈朝兵、郝文强："美英澳政府数据开放隐私保护政策法规的考察与借鉴"，载《情报理论与实践》2019 年第 6 期，第 159~165 页。

要求网络用户在转移个人数据时缴纳一定费用等。① 同时《数据保护条例》中有些用语的含义不够明确，如对数据主体的结构化数据就缺乏确定的定义，在尚没有官方组织进行解释的情况下，需要互联网业者以及相关的商业组织能够制定普遍适用的行业标准和规范。

第五节　个人数据安全的法律保护路径

通过集成化的大数据技术手段，对于海量数据进行收集、挖掘、分析和应用，个人数据存在较大的安全风险。个人数据安全的法律保护途径应当为数据主体的权利体系建立完善的保护制度，实现个人数据权保护与数据流动之间的平衡。

（一）完善法律救济途径

目前我国与个人数据安全相关的法律规定主要是：《宪法》（2018年修订）第四十条规定的通信秘密和通信自由的权利②；《侵权责任法》第三十六条的规定；2020年《民法典》第四编人格权编第六章第一千零三十二至第一千零三十九条，共计8个条款，专门规定了隐私权和个人信息保护，对于个人信息的内容、保护方式和法律责任进行了比较详细的规定；《中华人民共和国刑法修正案（七）》第七条增加了"出售或非法提供公民个人信息罪"和"非法获取公民个人信息罪"两个罪名和量刑；《中华人民共和国刑法修正案（九）》第十七条，③ 通过刑法对非法出售或者非法获得个人信息的犯罪的行为进行严厉打击，从而对个人信息所涵盖的个人隐私进行严格保护；此外还有《网络安全法》第四章的规定。除以上法律规定外，还包括了《儿童个人信息网络保护规定》《电信和互联网用户个人信息保护规定》等部门规章。最高人民法院、最高人民检察院联合颁布的《关于办理非法利用信息网络、帮助信息网络犯罪活动等刑事案件适用法律若干问题的解释》（2019）及最高人民法院发布的《关于审理利用信息网络侵害人身权益民事纠纷案件适用法律若干问题的规定》（2014）

---

① Auwermeulen V D, Barbara. How to attribute the right to data portability in Europe: A comparative analysis of legislations [J]. Computer Law & Security Review, 2017, 33 (1): pp. 57–72.

② 《宪法》（2018年修订）第四十条规定，中华人民共和国公民的通信自由和通信秘密受法律的保护。除因国家安全或者追查刑事犯罪的需要，由公安机关或者检察机关依照法律规定的程序对通信进行检查外，任何组织或者个人不得以任何理由侵犯公民的通信自由和通信秘密。

③ 《中华人民共和国刑法修正案（九）》第十七条规定，违反国家有关规定，向他人出售或者提供公民个人信息，情节严重的，处3年以下有期徒刑或者拘役，并处或者单处罚金；情节特别严重的，处3年以上7年以下有期徒刑，并处罚金。

等司法解释,也为解决因个人信息被泄露或者违法披露引发的纠纷发挥着重要作用。

我国个人数据保护的立法制度体系仍然不够完善,存在法律制度缺位、法律制度与互联网提供商的内部治理缺乏紧密结合,法律制度的适用性不强等问题:第一是立法的体系化程度不高,碎片化的情况比较明显,尤其是尚未制定个人数据保护的专门法律体系,对于个人数据安全或者信息安全保护还缺乏统一的法律概念。第二是个人数据安全保护制度如何实现不同利益的平衡,缺乏专业清晰的表述。第三是从个人数据安全的相关立法和规定来看,占多数地位的是互联网或者网络安全主管行政机关的行政法规或者行政规章,还有大量的其他规范性文件。总体来看,这些法律法规的位阶较低,从内容上来看,法律规范的内容比较抽象,适用性不强。此外,还存在数据安全的行政主管机关的职权性质和职权范围不明确等问题,见表4.1。[①]

表4.1 我国个人数据安全保护的主要法律法规

法律法规的名称	主要条款	主要内容
《宪法》	第四十条	公民享有通信秘密和通信自由
《刑法》	第二百五十二条 第二百五十三条	第二百五十二条规定了侵犯通信自由罪; 第二百五十三条规定了私自开拆、隐匿、毁弃邮件电报罪
2020年《民法典》	第六章	第六章隐私权和个人信息保护第一千零三十二至一千零三十九条主要规定了个人信息的定义;收集、处理自然人个人信息的基本原则、自然人享有的信息查询、抄录或者复制、修改和删除的权利;承担民事责任的法定情形;信息收集者、控制者保护个人信息的法定职责和保密义务等
《侵权责任法》	第三十六条	网络侵权责任:网络用户、网络服务提供者利用网络侵害他人民事权益的,应当承担侵权责任。网络用户利用网络服务实施侵权行为的,被侵权人有权通知网络服务提供者采取删除、屏蔽、断开链接等必要措施

---

① 张新宝:"从隐私到个人信息:利益再衡量的理论与制度安排",载《中国法学》2015年第3期,第39~60页。

续表

法律法规的名称	主要条款	主要内容
《中华人民共和国刑法修正案（七）》	第七条	刑法第二百五十三条增加了"出售或非法提供公民个人信息罪"和"非法获取公民个人信息罪"两个罪名和刑罚：国家机关或者金融、电信、交通、教育、医疗等单位的工作人员，违反国家规定，将本单位在履行职责或者提供服务过程中获得的公民个人信息，出售或者非法提供给他人，情节严重的，处三年以下有期徒刑或者拘役，并处或者单处罚金。窃取或者以其他方法非法获取上述信息，情节严重的，依照前款的规定处罚
《中华人民共和国刑法修正案（九）》	第十七条	修改刑法第二百五十三条，增加向他人出售或者提供公民个人信息的刑罚
《网络安全法》	第四章	第四十至五十条：网络运营者对个人信息的保护义务、网络运营者收集、使用个人信息的基本原则、数据主体的删除或者更正权、信息安全的主管机关及职权等
《全国人民代表大会常务委员会关于加强网络信息保护的决定》	第一至十一条	能够识别公民个人身份和涉及公民个人隐私的电子信息受到法律保护；网络服务提供者和其他企业事业单位对个人信息的保护义务和报告义务；个人信息泄露或者违法散布的救济措施等
《关于办理非法利用信息网络、帮助信息网络犯罪活动等刑事案件适用法律若干问题的解释》（2019）	第一至十八条	"网络服务提供者"的范围、监管部门责令采取改正措施的含义、违法信息大量传播的认定标准、拒不履行信息网络安全管理义务造成严重后果的法定情形；拒不履行信息网络安全管理义务，致使影响定罪量刑的刑事案件证据灭失，情节严重的法定情形；明知他人利用信息网络实施犯罪，为他人实施犯罪提供技术支持或者帮助的法定情形；明知他人利用信息网络实施犯罪，为其犯罪提供帮助的法定情形等
《关于审理利用信息网络侵害人身权益民事纠纷案件适用法律若干问题的规定》	第一至十八条	利用信息网络侵害人身权益民事纠纷案件的范围；利用信息网络侵害人身权益案件的诉讼管辖；被侵权人向网络服务提供者通知的内容和形式要求；网络服务提供者提供救济措施是否及时的认定标准；网络服务提供者是否"知道"的认定标准；转载网络信息行为的过错及其程度的认定因素等；被侵权人请求侵权人承担侵权责任的法定情形等

随着 2020 年《民法典》和个人信息保护法的陆续出台，个人信息安全相关的法律制度体系日益完善。个人信息权已经被 2020 年《民法典》作为一项独立的民事权利,[1] 规定在人格权中，并对权利的内容和救济途径进行了比较具体的规定。

2020 年《民法典》将个人信息权归属于专门的一项人格权，并进行了明确规定。同时与《刑法》及未来的"个人信息保护法"共同为个人信息权的保护提供法律依据，并实现各种责任形式的互补,[2] 从而完善了侵犯个人信息安全的行为需要承担的刑事责任、行政责任和民事责任。同时根据 2020 年《民法典》第九百九十五条的规定,[3] 如果自然人的人格权受到不法侵害的，受害人有权按照法律规定请求行为人承担民事责任。侵犯人格权需要承担的民事责任包括停止侵害、排除妨碍、消除危险、消除影响、恢复名誉等方式。同时根据个人信息权侵权的不同特征，2020 年《民法典》第一千零三十七条又规定了自然人可以要求信息控制者采取删除措施,[4] 第一千零三十八条规定了信息控制者应当及时采取补救措施，并向有关主管部门报告的法定义务。[5] 此外有学者提出可以采取停止个人信息扩散、截断访问链等补救措施，对扩大损害有责任的可以承担连带责任。[6] 此外，侵犯个人信息中的私密信息导致私密信息被泄露或者传播等，从而导致自然人的精神利益受到损害的，适用于隐私权的保护方式。被侵权人除了可以要求侵权人采取停止侵害、赔礼道歉、恢复原状等措施外，还可以请求精神损害赔偿。

---

[1] 王利明："论个人信息权在人格权法中的地位"，载《苏州大学学报》（哲学社会科学版）2012 年第 6 期，第 68~75 页。

[2] 王利明："论个人信息权的法律保护——以个人信息权与隐私权的界分为中心"，载《现代法学》2013 年第 4 期，第 63~73 页。

[3] 2020 年《民法典》第九百九十五条规定，人格权受到侵害的，受害人有权依照本法和其他法律的规定请求行为人承担民事责任。受害人的停止侵害、排除妨碍、消除危险、消除影响、恢复名誉、赔礼道歉请求权，不适用诉讼时效的规定。

[4] 2020 年《民法典》第一千零三十七条规定，自然人可以依法向信息处理者查阅或者复制其个人信息；发现信息有错误的，有权提出异议并请求及时采取更正等必要措施。自然人发现信息处理者违反法律、行政法规的规定或者双方的约定处理其个人信息的，有权请求信息处理者及时删除。

[5] 2020 年《民法典》第一千零三十八条规定，信息处理者不得泄露或者篡改其收集、存储的个人信息；未经自然人同意，不得向他人非法提供其个人信息，但是经过加工无法识别特定个人且不能复原的除外。信息处理者应当采取技术措施和其他必要措施，确保其收集、存储的个人信息安全，防止信息泄露、篡改、丢失；发生或者可能发生个人信息泄露、篡改、丢失的，应当及时采取补救措施，按照规定告知自然人并向有关主管部门报告。

[6] 张文亮："个人数据保护立法的要义与进路"，载《江西社会科学》2018 年第 6 期，第 171~178 页。

同时，2020年《民法典》第一千一百九十四条和第一千一百九十七条规定了承担网络侵权责任的原则为过错责任原则，并对网络用户和网络服务提供者的法律责任进行了区分，如果两者自行实施的侵权行为应当对被侵权人承担侵权责任。同时，即使网络服务提供者并未实施侵权行为，如果接到被侵权人的通知或者明知存在侵权行为，仍然不及时采取必要措施的，应当承担连带赔偿责任。① 这样的规定比较好地厘清了不同侵权主体的侵权方式和侵权责任，同时明确规定了网络服务提供者免于承担侵权责任的法定情形，从而能够更好地维护个人的数据安全、保障数据产业的发展及维护社会公共利益。② 同时根据我国《刑法》《刑法修正案（七）》③ 等规定，出售或非法提供公民个人信息和非法获取公民个人信息情节严重、危害较大的应当承担刑事责任，根据情节严重程度的不同，分别判处三年到七年的法定刑。④

（二）完善个人数据分类和匿名化处理

根据欧盟和美国对个人数据的"已识别"标准和"可识别"标准，只有具备可识别性的数据能够与具体的自然人个体相关联，从而成为与自然人的人身、健康、家庭等形成关联的个人身份数据系统，成为自然人人格尊严的数据载体。而这些个人数据被违法收集、加工、利用、泄露等，则会侵犯自然人的隐私权、信息权等人身权利或者财产权利。

应当对个人数据进行分级处理，设置不同的技术规范和法律保护力度。随着海量数据的应用，个人数据的来源复杂、种类繁多，随着数据处理技术的应用，个人数据中还包括大量的经过处理的数据或者中间类型的数据，哪些数据应当纳入法律保护的范围，不得进行公开，必须建立明确的数据分类规则，并依据不同的数据类型和级别，分别建立对应的收集、处理、使用、传输规则。

---

① 杨立新：""《侵权责任法》规定的网络侵权责任的理解与解释"，载《国家检察官学院学报》2010年第2期，第5~12页。

② 吴汉东："侵权责任法视野下的网络侵权责任解析"，载《法商研究》2010年第6期，第28~31页。

③ 《中华人民共和国刑法修正案（七）》规定，在《刑法》第二百五十三条后增加一条，作为第二百五十三条之一："国家机关或者金融、电信、交通、教育、医疗等单位的工作人员，违反国家规定，将本单位在履行职责或者提供服务过程中获得的公民个人信息，出售或者非法提供给他人，情节严重的，处三年以下有期徒刑或者拘役，并处或者单处罚金。窃取或者以其他方法非法获取上述信息，情节严重的，依照前款的规定处罚。单位犯前两款罪的，对单位判处罚金，并对其直接负责的主管人员和其他直接责任人员，依照各款款的规定处罚。"

④ 高富平、王文祥："出售或提供公民个人信息入罪的边界——以侵犯公民个人信息罪所保护的法益为视角"，载《政治与法律》2017年第2期。

如欧盟就明确规定了个人敏感数据的范围，并制定更为严格的收集、处理和使用规则。这些个人敏感数据通常包括了自然人的民族种族、政治观点、生物基因数据、医疗健康数据、与自然人性取向有关等数据。对这些敏感数据实行特别的法律保护规则。我国学者对于个人敏感隐私信息的定义也类似，是涉及个人私生活的核心领域，具备高度私密性，公开或利用这些数据将会对自然人造成重大影响的信息。这些敏感隐私数据也包括与自然人的性生活有关的数据、基因数据、医疗记录、财务记录等个人数据。[1] 只有正确区分一般数据和隐私数据，并制定不同的保护规则，减少数据无差别处理产生的高昂成本，一方面真正实现非隐私数据的流动传输，促进海量数据在经济发展、社会管理等多方面价值的实现；另一方面为个人的敏感数据提供更好的保护。

在技术措施上，不断发展数据匿名化存储的相关技术，对数据库中的人身数据实施模糊化处理。在大数据挖掘技术方面，在保证海量数据的质量和数量的基础上，对于规模化结构化的数据对进行"匿名化"处理，将其中涉及个人姓名、身份、家庭成员及医疗财产等敏感数据删除或者隐匿，匿名化处理后的数据无法与特定自然人产生联系。经过匿名化处理的数据，数据处理者才能够进行处理使用。[2]

---

[1] 张新宝："我国个人信息保护法立法主要矛盾研讨"，载《吉林大学社会科学学报》2018 年第 5 期，第 47～58 页。
[2] 范为："大数据时代个人信息保护的路径重构"，载《环球法律评论》2016 年第 5 期，第 92～115 页。

第五章

关键基础设施的数据安全治理

第一节 关键基础设施界定和数据安全分析

一、关键信息基础设施定义

2016年11月,第十二届全国人民代表大会常务委员会第二十四次会议表决通过,并于2017年6月1日起实施的《网络安全法》第三十一条规定[①]:国家关键信息基础设施包括公共通信和信息服务、能源、交通、水利、金融、公共服务、电子政务等重要行业和领域的信息设施。

在《关键信息基础设施安全保护条例(征求意见稿)》中列举了关键信息基础设施的范围[②]:(1)政府机关和能源、金融、交通、水利、卫生医疗、教育、社保、环境保护、公用事业等行业领域的单位;(2)电信网、广播电视网、互联网等信息网络,以及提供云计算、大数据和其他大型公共信息网络服务的单位;(3)国防科工、大型装备、化工、食品药品等行业领域科研生产单位;(4)广播电台、电视台、通讯社等新闻单位;(5)其他重点单位。一般而言,关键信息基础设施由一群互相关联、互相依存、完备的网络和信息系统组成,包括核心应用系统、业务支撑系统和周边的辅助系统等。任何一个业务子

---

① 《网络安全法》第三十一条规定,国家对公共通信和信息服务、能源、交通、水利、金融、公共服务、电子政务等重要行业和领域,以及其他一旦遭到破坏、丧失功能或者数据泄露,可能严重危害国家安全、国计民生、公共利益的关键信息基础设施,在网络安全等级保护制度的基础上,实行重点保护。关键信息基础设施的具体范围和安全保护办法由国务院制定。国家鼓励关键信息基础设施以外的网络运营者自愿参与关键信息基础设施保护体系。

② 2017年《关键信息基础设施安全保护条例(征求意见稿)》第十八条的规定。

系统遭到攻击和破坏都有可能对整个关键信息基础设施造成危害，所以保障整体业务的连续性和安全可控性是关键信息基础设施保护的重要目标。

二、关键信息基础设施安全分析

关键信息基础设施一旦受到干扰、篡改、破坏或者未经授权的访问，轻则影响国计民生和公共利益，更有甚者对国家安全也会造成严重危害。《网络安全法》第五条明确规定了对关键信息基础设施进行保护的必要性，第三十四条对关键信息基础设施运营者的安全保护义务进行了明确，同时在第三十八条要求运营者每年至少进行一次检测评估。

关键信息基础设施保护体系的建立健全依赖于运营者网络安全防护能力的提升。对于运营者安全防护能力的评估则是促进能力提升的基础。美国、德国等西方国家在评估运营者安全防护能力方面有着丰富的经验。2014年，美国国家标准技术研究所发布了《改善关键基础设施网络安全的框架》，指导组织或机构防范网络安全风险。同年，美国能源部和国土安全部针对关键信息基础设施开发了网络安全能力成熟度模型（以下简称"C2M2模型"），指导运营者实现美国关键基础设施网络安全框架的落地执行。

C2M2模型提供了网络安全防护能力评估的一种通用方法，适用于运营者对其信息系统、工控系统等资产的安全水平进行评估。模型从风险管理、配置管理、信息共享与交流、供应链和外部依赖管理等10个安全域进行评价。每个安全域由一系列安全实践组成。C2M2模型总结了安全实践的实施原则，提供了运营者安全能力的基线，模型的使用不具备强制性。不同行业的运营者可以从模型中自行选择所需的安全域和安全实践，评估其安全能力，识别差距和不足，强化关键信息基础设施的安全保护能力。C2M2模型提供了网络安全能力建设的统一参考，方便不同类型的机构交流经验。

我国在关键信息基础设施安全保障体系建设方面起步较晚，亟须建立相应的安全防护能力评估体系。

（1）制定科学合理、扩展性强的关键信息基础设施网络安全评估标准。对于关键信息基础设施安全防护能力的评估建设，应深入分析我国不同行业关键信息基础设施保护的实践经验，充分考虑我国不同领域可能存在不同的安全需求和扩展性要求，以适用于不同类型的关键信息基础设施安全能力的评估。

（2）充分考虑我国国情，与已有的网络安全评估框架和标准进行有效衔接。我国正在制定包括关键信息基础设施安全保障指标体系、关键信息基础设施网络安全框架、关键信息基础设施网络安全保护基本要求、关键信息基础设施安全控制措施、关键信息基础设施检查评估指南等在内的一系列关键信息基础设施安全防护的框架和标准。关键信息基础设施网络安全能力评估应充分考虑我国实际国情，基于国家网络安全标准的统一框架要求，与现行标准形成配套，突出威胁信息共享、监测预警、应急处置等横向协同的安全域内容，并不断演化完善。

三、关键信息基础设施保护与一般网络安全保护的区别

根据遭受网络攻击造成危害程度的差别，可以将网络运行安全分为两大部分，分别是通用的网络安全等级保护制度以及针对关键信息基础设施的特殊保护制度。

网络安全等级保护制度的实施主要基于合规要求和监督检查，其适用范围更广，从等保1.0到等保2.0，安全防护的范围从原有的信息系统扩展到整个网络空间，涵盖了大数据、云计算、物联网、移动互联网等多个系统平台。

关键信息基础设施保护制度的适用范围更窄、更专，主要针对影响国家安全、国计民生或者公共利益的信息系统的安全问题，保护的范围更集中，要求也更严格，侧重于对安全风险的防控，目标是落实责任、感知风险、消除风险或将风险控制在一定程度，并确保业务连续性和系统可恢复。①

四、关键信息基础设施保护框架/方法论

近年来，随着数字化、网络化、智能化与能源、制造、通信等基础设施行业的融合程度不断加深，关键信息基础设施的安全风险日益突出。特别是针对关键信息基础设施的网络攻击事件频发，对国家安全、经济发展和社会稳定产生重大影响，关键信息基础设施保护面临巨大挑战。因此，加强关键信息基础设施保护体系建设成为网络安全工作的重中之重。

关键信息基础设施保护需要综合运用管理、技术、法律宣传等手段加强内部能力建设，并通过分层次的防御体系，构建关键信息基础设施的外部保护屏障。同时，还要构建关键信息基础设施安全管理秩序，优化关键信息基础设施保护机构的职责分工，完善关键信息基础设施保护政策的标准规范，构建协同保护机制。关键信息基础设施的安全防护是以风险管控为出发点，建立一个总体性、基础性的安全框架。在具体实施中，关键信息基础设施的运营单位根据

---

① 周亚超、刘金芳："关键信息基础设施范围与特点解析"，载《网络空间安全》2018年第10期，第56~60页。

统一的安全框架，制定符合自身应用需求的标准或行业实践指南。[①]

第二节　银行与金融部门关键基础设施的数据安全治理

一、金融业关键信息基础设施安全

金融业关键信息基础设施安全稳定的运行关系到国家经济安全和国计民生，由于关键信息基础设施保护工作的专业性强，涉及范围广，更需要坚持预防为主的战略思想，形成全国一体化、一盘棋的工作格局，建立集中统一、协调顺畅的制度。同时要提升安全防护能力。在这方面，安全企业的产品和服务起着重要的支撑作用，同时第三方评估、检测认证相结合的机制，是保证安全管理和技术防护措施落实到位的重要保障，也是落实主体责任和监管责任的重要抓手。

金融业作为关键信息基础设施的重点行业和领域之一，其正常运行和安全保护的状况直接关系到国家金融安全和广大人民群众的切实利益。不断完善关键信息基础设施监测防护手段，打造可持续的安全运营体系；增强协调联动和信息共享，形成金融关键信息基础设施保护合力；强化政策协调和激励机制，加大对金融关键信息基础设施保护工作的支持与指导，明确金融行业网络安全保护工作的需求和思路。

二、金融业关键信息基础设施数据分析

（一）未加工的基础数据

银行与金融部门在长期的经营中，因复杂多变的业务流程及覆盖面极广的业务操作，能够快速地积累海量用户数据，这些数据在提升客户体验、加强精准营销、控制银行风险等方面有着不可预估的潜力。但是，一方面数据内容与结构等方面的不统一，价值管理系统的滞后，导致银行基础数据囤积却无法发挥真正价值；另一方面，受互联网的影响，大量P2P企业正在抢占金融市场份额，挤压传统银行的生存空间。当下，对于处于转型焦虑下的银行业来说，合理合规运用大量囤积的未加工的基础数据就显得极为重要。这些数据包括日常

[①] 董亚南、赵改侠、谢宗晓："关键信息基础设施保护及其实践探讨"，载《网络空间安全》2018年第8期，第84~89页。

交易信息、客户日常行为及银行内部业务报表等重要的结构化数据,图片、音频及银行内部办公文档等潜藏巨大数据价值的非结构化数据,以及介于结构化数据与非结构化数据之间,需要再次加工的半结构化数据。这些数据与银行业务升级息息相关,通过对这些数据的加工利用,可以打造一个专业、高效的数据标准化管理平台,为银行与金融部门关键基础设施的数据安全治理打下良好基础。

(二)经过技术筛选的整合数据

银行与金融部门基础数据的潜能是无限的,而面对如此海量的人群、行业、类型的结构化与非结构化数据,银行如何分析、利用和挖掘,避免因时间堆积的银行数据形成"数据孤岛",对银行等金融部门关键基础设施数据的利用是一个巨大的挑战。比如,银行拥有海量的客户数据,这些数据基本上覆盖客户的身份、性格、职业、职位、家庭状况等方方面面,但数据库容量和数据系统的落后,导致这些数据出现零散甚至缺失问题,又或者整个银行数据系统的数据模型甚至系统自身性能问题,导致无法有效地利用如此庞大的数据进行有效的数据建模和数据整合利用。在这种情况下,数据很难与产品、服务等形成有效的联动,也就无法利用数据创造价值。

因此,在某种意义上,"数据整合"工作在银行与金融部门基础数据的利用上,拥有极大的产业价值。银行如何基于技术驱动,通过对数据进行有效的去噪处理等,整合数据间关联关系,实现数据到信息的上升,是进入数据利用的重要节点。

(三)基于数据挖掘产出的知识数据

数据挖掘的定义是从海量、掺杂噪声、有缺失值的数据中挖掘对人们有用信息的过程。大数据环境下的数据挖掘不再使用抽样数据,而是通过实时监测和跟踪在互联网、企业内部等各种渠道上的全部数据,挖掘和分析,揭露其隐藏的规律与法则,并提出相应的预测和结论。[①]

而对于银行与金融机构来说,遵循"以用户为中心"的数据应用战略,并根据数据规模、数据结构、数据内容等实际情况选取合适的数据挖掘方法,深入理解业务流程,聚焦音视频文本、数据库以及表格等数据,采用数据挖掘与智能分析等先进的数据挖掘技术,形成银行与其他金融部门的知识数据,有效支撑银行战略决策与业务发展需求。

[①] 卢辉:《数据挖掘与数据化运营实战思路、方法、技巧与应用》,机械工业出版社2013年版。

（四）结合可视化工具变现的智慧数据

在大数据时代，合理利用 BI 工具，全面开展银行金融、信贷、客户研究等方面的数据分析和利用，从大数据中挖掘经营管理规律，从而为银行管理分析、决策支持和业务拓展提供服务，对于银行加强精细化管理、创新业务和风险管控等业务转型将起到重要作用。

大数据时代，银行应更加重视虚拟化渠道的营销和推广。网络银行和移动金融作为银行的重要渠道，近几年受到越来越多的关注与重视，其高效率、低成本和良好的客户体验，是银行面对互联网金融企业竞争的有力反击。此外，随着海量客户数据的积累，已经具备基于大数据以及人工智能等手段开展客户关系管理的基础。通过对金融产品的购买记录、浏览历史、购买途径等用户数据的综合分析，对客户进行精细化描述，可以形成客户全息特征画像。通过深入分析用户的性别年龄、兴趣爱好、消费习惯、风险偏好、风险承受能力等特征信息，结合各类金融产品的特点，进行供需匹配分析，可有效提升银行客户的精准营销水平，实现智慧数据的价值。[①]

三、金融业关键信息基础设施数据价值分析

（一）加强数据分析解读

银行拥有丰富的数据宝藏，不仅包括大量存贷汇等核心业务的结构化账目数据，而且随着移动互联网以及网上银行的发展，银行拥有的数据进一步覆盖了银行 App 采集数据、网上银行采集数据、客服电话语音等非结构化数据。

面对同样的数据、使用同样的数据处理软件，由于决策方式的不同，最后得出的结果也会大不相同。银行需要根据自身战略规划和优势，确认数据决策的方向和方式，把对数据的分析转化为通过数据结论解决实际问题的执行方式，挖掘大数据的潜藏价值，甄别有效信息、丰富客户图谱，构建开放、平等、共享、客户至上的理念，大力建设以客户为中心，面向服务的新一代核心系统，为经营管理和业务发展注入新动力。[②]

（二）构建客户群"画像"和精准营销

在大数据时代，金融机构不仅拥有客户与其业务直接相关的开户数据、资

[①] 李小庆："大数据挖掘在银行业务领域的应用"，载《金融科技时代》2017 年第 5 期，第 15～19 页。

[②] 徐晶俐、薛莹、何君："大数据助力银行实现业务数据价值"，载《中国金融电脑》2015 年第 9 期，第 60～62 页。

金往来数据等,而且通过自身的网上银行、App或与第三方企业开展合作等方式,能够获取客户在移动网络中体现的金融偏好、兴趣爱好、消费能力等关键要素,实现对客户的全息画像。

在客户标签信息、客户基础信息、渠道信息、产品信息、资产信息的基础上,结合客户的全息画像信息,建立营销全流程管理方案,包括营销活动的发起、执行、反馈和评价,形成丰富多样、精准客户群管理功能,并根据客户细分与客户金融需求分析,制定个性化的营销策略,实现以数据驱动为选择手段的精准营销模式。

四、金融业关键信息基础设施安全风险分析

金融业关键信息基础设施频繁遭受攻击,威胁到网络安全、数据安全、业务安全等各个方面。近几年来,勒索病毒攻击前所未有地大爆发,现在已经成为网络攻击趋势,同时金融机构在互联网化和云化之后,高敏的金融数据对安全要求不断提高,但网络安全威胁仍然防不胜防,层出不穷的网络攻击使金融业务连续性受到严重影响。

随着信息技术的蓬勃发展,金融科技逐渐打破传统金融生产力与生产关系的桎梏,开启以人工智能、大数据、云计算、区块链等新一代信息技术为主导的新金融时代。金融业关键信息基础设施的建设以及新技术的应用与创新,成就了今天便捷而多样的金融业务与服务方式,金融行业全面转向信息化。但是,金融业遇到的安全问题已经无法回避。金融安全是国家安全的重要组成部分,金融业关键信息基础设施是经济社会运行的神经中枢之一,是网络安全的重中之重,也是可能遭到重点攻击的目标。

五、金融业关键信息基础设施数据安全治理案例

这里着重列举来自平安金融安全研究院和360企业安全集团的两个关于金融业关键信息基础设施安全治理的方案。

(一)金融行业的安全态势感知解决方案

来自平安金融安全研究院发布的《金融安全态势感知系统构建》研究报告,通过分析网络安全形势,分析网络安全态势感知的重要性和态势感知的发展历程、技术架构,重点阐述情报分析在网络安全态势感知中的关键作用,为我们展示威胁情报分析平台的原理和功能,并提出了金融行业的安全态势感知解决方案。

态势感知2.0平台作为智能安全运营的载体,在风险监测、分析研判、通

知协作、响应处置、溯源取证等各方面进行了增强，同时融入了当前流行的技术和平台作为支撑，如大数据技术、东西向流量采集技术，EDR 终端检测响应技术、机器学习、欺骗攻击技术等。同时态势感知 2.0 平台与 ITIL（Information Technology Infrastructure Library）的理念和信息安全管理标准相融合，将安全运营划分为不同角色，如安全管理人员、安全专家、安全运维、安全分析师、安全应急响应人员、安全研究人员等，在集成了安全事件管理全生命周期的流程中，通过工作流程（见图 5.1）将其串联起来，使安全运营流程更加规范和有序。为促进金融领域信息安全的发展和交流，就态势感知平台的应用列举以下三方面进行简述。

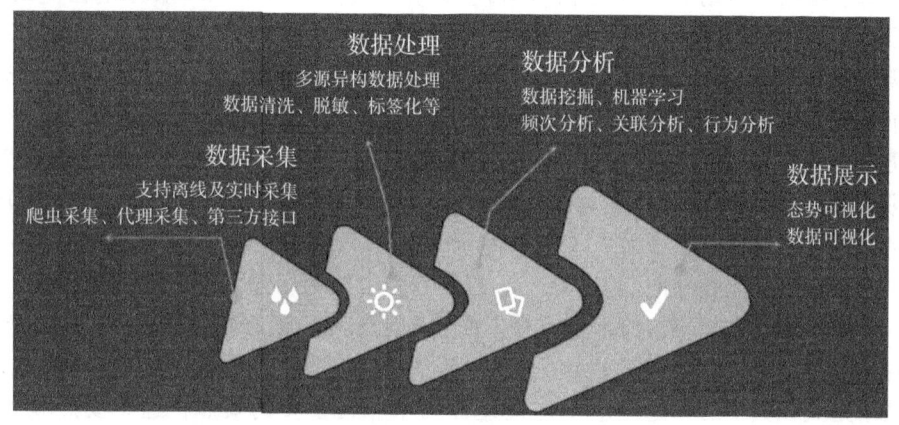

图 5.1 态势感知系统流程

一是态势感知增强安全防御体系。在全世界网络大互联的环境中，"云""管""端"的安全防御方案成为当前主流的防御思想。态势感知从配角的地位迅速转换为不可或缺的主导地位。（1）态势感知全面呈现组织的安全风险态势。（2）态势感知增强安全防御体系。态势感知 2.0 平台的建设，将增强金融安全防御体系，具体表现形式有：①对风险预测的结果可以为传统安全设备提供防御指导，为其提供风险预警，提前规划和制定安全措施应对即将到来的攻击威胁。②与威胁情报平台进行融合，提升了风险研判的准确性，相比以往在安全设备部署策略后会存在的"漏报"现象有了很大的改观。③打造统一支撑安全运营的平台，改变以往多套平台、多套系统林立的局面，提升了运营的效率。（3）态势感知平台提高应急响应效率。

二是态势感知保障业务安全。态势感知 2.0 平台可通过与应用系统日志埋点，针对用户操作行为进行的监控分析，创建风险分析模型，可以有效预防类似事件发生。同时可利用态势感知平台对运维人员操作行为进行分析，通过与历史基线对比和重点行为的定义进行分析，可发现违规行为和数据泄密事件。通过对访问敏感信息的监测与分析，可发现窃取用户隐私的行为，保障用户数据安全。态势感知平台在业务领域的应用场景很多，收集到充足的数据，有具体的业务应用场景，均可以利用态势感知平台的能力来进行风险方面的分析与预测。

三是态势感知促进安全运营智能化。态势感知平台已成为安全运营领域最主要、最主流的建设方式，除了态势感知集成安全运营流程、威胁情报等重要因素之外，同时还会集成 SDSec 平台，该平台可以承载对安全设备的统一策略管理、策略全自动下发等工作。随着云计算的发展，采用 SDN 技术的云网络，设置安全策略将更加困难。通过与 SDSec 平台对接这一工作变得更为简单，只需要将阻断策略的要素[1]推送给 SDSec 平台，即可实现在多种安全设备上自动下发配置策略，配置完成后将结果反馈到态势视图中，使得这一切变得更简单、更自动化和更智能。360 企业安全集团发表了《关键信息基础设施安全防护管理平台建设经验》，提出了 360 企业安全集团的综合防护解决方案，要点为五个部分。

要点一是业务导向、安全闭环。任何企业、机构和部委建设态势感知平台，一定要形成安全闭环。技术是支撑，而管理是根本。通报机制、评估检查、教育培训等都是在态势感知平台上发展出来的管理场景。平台系统不是技术系统，技术是藏在其中的，这是整个建设过程当中非常重要的要点，这个要点就是坚持业务为导向的过程。每个企业和机构的业务场景都不一样，每个机构都有自己的职责，因此在安全管理、组织设计、业务流程、管理制度上都是不一样的。每个系统都是围绕业务系统做定制，这是整个系统建设中最基本的要点。

要点二是关口前移、系统规划。任何机构做安全防护，都要遵照网络安全滑动标尺模型。最左边是第一部分基础架构安全；第二部分是被动防御。态势感知是在第三部分的积极防御和第四部分的威胁情报。关口前移不是技术问题，过去在整个安全建设思路上，更多的是查缺补漏，整个建设思路就是查缺补漏，是在信息化建设完成之后我们做更多的工作。现在的信息系统规划思路，是在早期做三同步：同步规划、同步建设、同步运营。尤其在这三年中，出现了很多新兴的信息技术应用浪潮，我们可以在早期的建设过程中把态势感知考虑进去。

态势感知需要全要素数据采集，从硬件、安全设备到基础服务，甚至终端、

---

[1] 阻断策略是指针对特定网络攻击或者恶意访问行为，需要相应的安全中断规则和措施。

网络、业务系统都有很多数据采集。① 如果建设态势感知系统时没有这些数据,态势感知的能力是非常薄弱的。拿到这些数据不是安全问题,而是信息化的问题。

要点三是具有纯正的大数据基因。"数据驱动安全"关注两点:一是拥有大量的数据;二是这个数据能产生出很多威胁情报,帮助用户发现未知威胁,这其实是我们大数据基因的结果,这是一种外在的能力。所谓纯正大数据基因就是全开放的数据采集,即全要素数据,这里面有人的数据、资产数据、身份数据、认证数据,金融行业还有很多交易数据。系统建设初期不考虑开放采集的话,未来数据就进不来。数据治理是整个态势感知中最重要的工作,而数据治理将是持续运营的过程。过去的所有安全一般是在低位做网络防护、终端防护。态势感知是典型的中高位能力体现,利用互联网数据能让中位能力得到最大的发挥。在设备采集数据和处置响应的基础上,态势感知系统在中位和高位中体现出价值,这一点是数据驱动安全的核心能力。

要点四是以人为核心、运营驱动。安全运营驱动的一个中心点就是为人服务,比如值班人员、研判分析人员。这不仅存在于建成之后,还存在于建设过程当中,它是持续开发的过程,从技术、运营到制度这一套体系,包括数据治理也是运营的,云端也是运营的。这种运营是以人为核心的运营设计,比如集团领导、安全服务人员,要做的事情都不一样,全局决策则要依靠领导。要围绕这些人的能力和角色设计运营流程。

要点五是攻防兼备是前提。威胁情报可提供过程就是攻防兼备的过程。如果没有攻防体现,很难实现威胁情报的提供。比如,高级威胁检测能力与攻防的关系,还有2018年的"5·12"勒索病毒攻击事件,需要在很短的时间内,给所有单位提供应急处理工具。所以我们认为攻防是整个态势感知的关键点。

(二)提升风险管控水平

在大数据环境下,新产品的需求和风险都可以得到更好的预判,从而提高投入回报率。金融机构通过大数据处理与应用方式,采用整合分享、交叉复用的专业化处理手段,能够更好地预判新产品的市场需求情况以及潜在的风险点,提高投入回报比。同时,金融机构利用大数据手段,可以识别潜在违规客户,做出风险提示,提高金融机构在交易、转账和在线付款等领域的防欺诈能力。

金融机构运用大数据技术,实现多源数据的统一汇聚、统一存储以及关联分析,能够有效地解决"信息孤岛""系统孤岛""数据不对称"等问题。通

---

① 许暖、蔡宇进:"安全态势感知研究",载《网络安全技术与应用》2020年第1期,第38~41页。

过数据的整体处理，实现信贷风险管理的精准性和前瞻性。[1]

（三）灾难备份

银行数据量庞大，集中化管理带来的风险也越来越大。由于数据集中，要求银行业务、管理、技术等做到相应的规范，例如2018年中国银保监会发布了《银行金融机构数据治理指引的通知》，指导金融机构建立"首席数据官"等制度，健全数据治理体系。最近几年，相继有银行出现客户数据安全事故，因此采取什么措施保证数据安全，已成为各个银行必须考虑的事情。

当前，常用的方法是建立灾难备份机制，出现问题后立即启动备份，这样可以极大地减少系统的问题带来的业务上的影响。所谓灾难备份，就是利用信息技术手段，保证银行在遇到自然灾害、宕机等对银行业务有重大影响事件的情况下，能够采用备份系统迅速恢复业务，保证数据不受损失。[2] 目前，灾难备份多为异地备份，其目的就是防止一个城市遇到自然灾害后，设置在另一个城市的备份系统可以不受影响。

在业务灾难备份的基础上，一套有效的数据备份系统，可确保在发生重大自然或人为灾难后的数据能够快速恢复，进一步保证银行的数据安全。[3]

（四）数据脱敏技术

数据脱敏技术主要是为了兼顾数据安全与数据使用，采用专业的数据脱敏算法，在一个不可逆转的过程中，敏感数据的真实值被转换成虚构的但看起来逼真的值，原始值被永久改变且无法恢复，实现敏感隐私数据的可靠保护。

数据脱敏技术可以根据需求进行定制，可选的有数据加密技术、数字转换技术和访问控制技术等。最简单的实现方式主要有两种：一种是"随机值替换脱敏"，采用随机值替换的方式来改变查询返回的结果，该方案的优点是可以在一定程度上保留数据的格式；另一种是"特殊字符替换脱敏"，该方式在处理待脱敏的数据时是采用特殊字符替换的方式，更好地隐藏敏感数据，但缺点是用户无法得知原数据的格式，在涉及一些数据统计工作的时候会有影响。

---

[1] 徐晶俐、薛莹、何君："大数据助力银行实现业务数据价值"，载《中国金融电脑》2015年第9期，第60~62页。

[2] 何欢："核心数据容灾备份系统建设方案"，载《网络安全和信息化》2018年第11期，第71~73页。

[3] 韩洁："银行数据安全设计与实施"，载《中国电子商务》2011年第10期，第37页。

六、银行与金融部门关键基础设施的数据安全治理案例

（一）用户安全：韩国农协银行瘫痪事件

2011年，韩国农协银行由于用户权限管理不到位，造成了提现和转账等关键服务瘫痪达3天之久，波及面广，教训深刻。受此次教训启示，部分大型银行借鉴业界先进理念，从实际出发，建设了充分满足大型银行数据中心用户安全合规需求，整合防控手段、提升管理效率的数据中心管理信息系统，实现了用户管理效率和安全的平衡。

（二）金融安全：银行安保部外部欺诈风险信息系统开发

基于多渠道数据的挖掘分析，工商银行2013年研发投产了外部欺诈风险系统，并陆续在工商银行全集团、全渠道、全业务投产应用，风险防控成效显著，有效保障了银行与客户的资产安全，累计预警业务风险129万笔，涉及资金435亿元，累计防堵电信诈骗事件11.27万起，避免客户损失超16.88亿元。

根据外部欺诈风险系统的评估意见，工商银行个人金融、信贷、信用卡、私人银行等业务部门对客户加强业务风险监测，并相应地开展了贷款提前清收、综合授信降额、私人银行资格清退等风险处置措施，提升了客户群体品质及客户整体的资产质量。

第三节 通信部门的关键基础设施和网络空间的数据安全治理

一、通信行业关键信息基础设施安全

我国的通信运营商是国有大型基础电信设施的建设者以及运营者，所建设和运营的公共通信网络设施以及信息服务网络设施都是国家关键信息基础设施的重要组成部分，非常容易遭到重点攻击。因此，通信运营商需要对关键信息基础设施进行重点保护，构建安全保障体系和加强技术防护能力，履行对关键信息基础设施进行网络信息安全防护的基本法律义务。[1]

通信行业关键信息基础设施为金融、能源、交通、医疗卫生和应急服务等

---

[1] 唐蓉：“浅谈通信运营商的关键信息基础设施保障对策”，载《网络安全技术与应用》2017年第7期，第103~108页。

关系国计民生的重要系统和政府事务管理提供关键支撑。通信的网络空间同时还扮演着连接其他行业基础设施的关键纽带的角色，因此通信基础设施与其他关键基础设施高度依存，通信网络服务中断或瘫痪将导致大范围的冲击甚至灾难性效应，因而已成为关键基础设施中的基础。[1]

二、通信行业关键信息基础设施数据价值

全世界每天都有几十亿人使用计算机、平板电脑、手机等电子设备，这些设备每天都产生海量数据，存在于电信运营商的网络中。通常，电信运营商数据中心的大型业务支撑系统只为确保运营商能够对其客户所使用的服务计费，但是在整合所有数据以及其他外部信息后，运营商能够拥有每个用户的详细信息。[2] 这些数据包括但不限于如下：（1）基于 Gn 口信令数据：Gn 口信令数据包括终端信息（IMEI、URL、UA 等）、上网内容（URL、UA 等）、上网流量信息、上网交互信息等内容。（2）基于 Mc 口信令数据。Mc 口信令数据主要是位置信令数据，能够反映出用户漫出、漫入的位置轨迹信息。[3]

信息与通信部门的关键基础设施和网络空间数据具有极高价值。基于信息与通信部门的关键基础设施和网络空间的数据分析，可以提取不同维度的数据价值。如基于位置信令数据，[4] 能够反映出用户漫出、漫入的位置轨迹信息。可根据位置信息实时动态地了解重点区域流动人口的来源及分布情况，实时动态地了解突发性事件的人员聚集情况。通过对运营商用户位置轨迹的建模分析，可以得到用户出行 OD、工作地、居住地、常去地、交通方式等，这些结果数据又可以为公共交通线路规划提供数据支撑。

三、通信行业关键信息基础设施安全风险分析

通信网络是国家的关键信息基础设施，通信行业关键基础设施涉及终端、接入网、传送网、核心网以及各类支撑系统等，资产规模庞大。经历了从 1G 到 4G/5G 的移动通信网正在进行着从模拟到数字化、从封闭到开放化、从通信

---

[1] 张滨："通信行业关键信息基础设施保护实践与思考"，载《信息安全与通信保密》2018 年第 11 期，第 24～26 页。

[2] 成欣、喻朝新、刘立："通信领域大数据应用前景分析及模式场景探讨"，载《现代电信科技》2016 年第 1 期，第 1～7 页。

[3] 张延彬："基于移动通信行业的大数据服务研究"，载《电信工程技术与标准化》2016 年第 2 期，第 44～47 页。

[4] 信令数据是用户手机与基站之间的通信数据，包括话单数据、PS 域信令数据和 CS 域信令数据等。其中，与位置信息相关的是位置信令数据，包括基站切换、位置更新、位置区切换、当前位置上报等。

到互联网化的演化。但是，数字化、网络化、智能化也对通信行业基础设施产生了日益严峻的挑战。

具体表现为两个方面：（1）主观方面。网络能力日益向内容与服务提供商开放，对网络的灵活性、安全性提出更高要求；网络 IP 化后，越来越多的 IT 通用软硬件被引入通信网，CT 与 IT 产业加速融合与相互影响；通用软件自主化程度低，虚拟化、OS、数据库等软件主要依赖进口，自主可控性较低。（2）客观方面。来自外部的安全威胁不断凸显，安全风险未知大于已知。首先，作为通信信息系统核心组件的操作系统和应用软件不可避免地存在安全漏洞，而重大安全漏洞将给攻击分子以可乘之机，如国家信息安全漏洞平台（CNVD）数据显示，2011 年以来，Windows 7 操作系统的安全漏洞数量呈逐年递增趋势。同时，信息通信基础设施还面临来自境外的黑客攻击的严重威胁，如 2017 年披露的 NSA 网络武器库事件表明，大量的 0Day 漏洞被 NSA 等机构掌握，利用这些漏洞实施入侵易如反掌。

在防护手段方面，通信运营商已经建设了如 DDoS 攻击监测、IDS/IPS、流量清洗、移动互联网恶意程序监测等系统。这些技术手段对于单点的防护能够起到很好的效果，但是遇到 APT 类型的高级攻击，很难做到对关键信息基础设施的全面安全监测、追踪溯源等，难以实现多维度、多层面关联分析，从而无法联合阻断、挖掘攻击事件。另外，对于大数据安全防护、云安全防护等方面还缺乏有效的手段防止数据泄露、保证数据安全。此外，在安全知识培训和安全意识教育方面，尚缺一套成熟的网络安全培训以及评价体系，无法普及安全岗位人员持证上岗。

四、通信行业关键信息基础设施安全治理措施

通信运营商不仅需要做好公共通信网络以及信息服务网络的安全防护，而且在此基础上应整体考虑建设关键信息基础设施的安全防护保障体系，实现对关键信息基础设施的重点保护。

（1）在标准规范方面，实现网络安全的规范化治理。一方面，建立专业的安全管理团队，定期对通信行业关键信息基础设施进行风险评估，利用自评估、委托第三方机构评估以及检查评估等相结合的方式，全面开展符合性评测、风险评估和整改工作。另一方面，由于我国网络安全相关法律法规体系已基本构建完成，需要加大网络安全知识培训力度，组织开展网络安全专题培训，定期开展行业合规性检查工作。

（2）在技术控制方面，注重基础管理，建设监控体系。一方面，加强对通信行业关键信息基础设施的资产管理，建设统一的资产管理平台，实现对资产的动态管控。另一方面，建立关键设施的预警监测平台，及时发现网络攻击行为。此外，采用先进的数据安全保障技术，维护数据传输、存储以及访问的安全可靠，保障个人隐私数据不受侵害。

五、通信行业关键信息基础设施数据安全治理案例

（一）山东电信：网络安全防护体系

根据安全防护的不同等级、针对不同的安全域，山东电信设计了不同的技术防护策略，有效地实现了对大规模网络攻击的安全防护。

在网络安全监测方面，山东电信部署了异常流量监测与溯源系统。通过采集城域网核心路由器到省网出口路由器之间的链路流量，以及省网出口路由器的链路流量，实现了对 DDoS 攻击的实时监测以及 IP、网站、应用、地域等不同维度的流量统计分析。同时，将检测到的异常流量情况，通过工单自动派发处置形式，[1] 实现了对异常流量的闭环管控。

在网络安全防护方面，山东电信上线了 AV 防病毒系统。所有生产终端实时从防病毒服务器进行病毒特征库的更新，而最新的病毒特征库确保了生产终端的安全，也避免了相应僵木蠕病毒在内网的传播。

在网络安全审计方面，山东电信建设了 4A 平台，实现了对山东电信网和业务系统的账号、授权、认证和审计等集中管理。

在网络安全评价方面，山东电信部署了 RSAS 等多种漏洞扫描系统，实现了对各个网元、[2] 业务系统等的安全评价以及智能化扫描。[3]

（二）某大型企业：网络信息系统

某大型企业 A 由下属单位和控股子公司组成。其中，控股子公司分布在上海、北京、广东等不同省市。A 集团非常注重整体网络安全的布局，于是在控股子公司的接入区域以及集团核心数据中心都布置了大量的安全防护系统，包括 IDS/IPS、防火墙等，以确保核心数据系统的网络安全。并且，在集团内网中，企业不仅部署了安全认证与监控系统，而且强化了病毒防护体系的构建。

此外，A 集团为了进一步提高网络安全防护体系的有效性，还建立了独立

---

[1] 工单自动派发处置形式是指：对需要进行处置的事项，以电子工单形式，自动下发给相关人员，提供事件处理效率。

[2] 网元是指：由一个或多个机盘或机框组成，能够独立完成一定传输功能，简单理解就是网络中的元素、网络中的设备，是网络管理中可以监视和管理的最小单位。

[3] 李秀峰、徐志鹏、董磊：" 省级电信运营商数据网安全体系研究与设计 "，载《网络安全技术与应用》2016 年第 9 期，第 30～32 页。

的网络安全监控体系，以确保企业业务的正常运行。综上，A集团不仅提高了集团网络安全的防护能力，而且对于部署的安全设备进行了统一管理，优化了安全防护体系。

第四节 交通部门关键基础设施的数据安全治理

一、交通行业关键信息基础设施安全

近年来，物联网、云计算、大数据、人工智能等新技术的出现，为交通行业的现代化、智能化带来了新的机遇。交通部门关键信息基础设施是城市经济发展的重要支撑，随着大数据时代的到来，大规模设施运行效率和系统管理与辅助决策能力面临挑战与机遇。我国交通基础设施经过近30年的快速发展，规模已十分庞大，如何维持如此大规模的设施的运行效率，将是未来发展中面临的重要问题。将先进的网络信息和数据分析技术与传统的交通基础设施的管理相结合，为管理提供更加可靠、合理的决策支持，提高管理效率、节约社会资源，已成为交通基础设施管理发展的必由之路。

交通运输行业具有"点多、线长、面广"的特点，与地理信息平台空间数据具有天然的关联，交通运输行业规划、建设、养护、管理、运输等业务应用系统往往依托地理信息平台开展业务应用。因缺乏统一规范和顶层设计，已有各应用系统是分级独立建设，呈现离散式分布，缺乏相应的整合与长效的管理，目前系统尚有很大一部分处在无序或者无效状态，缺少有效、合理的信息共享机制，致使各个信息系统形成单个信息孤岛。且智能交通行业涉及云计算、大数据等众多新兴技术，众多的设备、系统接入智能交通系统，组成更大、更复杂的信息系统，可能面临更大的数据安全风险。[①]

交通部门关键基础设施的数据，来源于各个信息系统、传感器、互联网、移动终端等，具有多源、异构、海量、分散、孤立等特点。在用户与车辆的交

---

① 智能交通系统是在传统的交通基础上发展起来的新型交通系统，是未来交通系统的发展方向，作为化解城市拥堵的有效解决方案，是在较完善的交通基础设施（包括道路、港口、机场和通信等）之上，将先进的信息技术、数据通信技术、计算机处理技术和电子自动控制技术进行有效的集成，通过先进的交通信息采集和融合技术、交通对象交互以及智能化交通控制与管理等专有技术，加强载运工具、载体和用户之间的联系，提高交通系统的运行效率，减少交通事故，降低环境污染，从而建立一个高效、便捷、安全、环保、舒适的交通体系。

互过程中、车辆与智能交通服务交互过程中以及车辆行驶过程中，都会产生海量的、类型各异的数据。对这些数据进行有效分类、管理整合及分析，进而实现多源数据的互联，是智慧城市数据处理领域待解决的难题。并且，交通部门的核心业务、敏感数据也暴露在越来越开放和复杂的互联网环境中，随时面对勒索病毒、拒绝访问、僵尸化等安全隐患。因此，交通行业必须遵守《网络安全法》，打造交通行业的信息安全防御体系。

二、交通行业关键信息基础设施数据价值

当前，交通行业关键信息基础设施在持续优化与完善，但是其海量数据的价值却并没有得到充分开发。在过去的数年里，政府部门一直主导着智慧交通应用的建设，导致有些智慧交通的应用适用期短、维护难、拓展性差。各类业务线数据的综合应用水平不高，巨大的数据资源潜力未得到充分挖掘利用，对数据支撑科学决策、智能化异常自动预警、运营效率提升、应急事件响应能力提升形成严重的制约。如果要想使交通部门关键基础设施数据的价值得以充分发挥，首要任务就是在现有系统的基础上实现应用创新。

对于交通管理者，可以根据实践场景，利用各类图表、趋势图、视觉效果等将庞杂枯燥的交通数据展现出来，进而深度挖掘数据的内在规律，以此指导决策，助力城市交通的健康发展，实现交通态势可视化、基础设施智慧运维管理、重点车辆管控、应急事件指挥调度、交通事件研判分析等。

对于交通使用者，可以通过建设的智慧交通系统，实现智慧乘车、智慧换乘、智慧缴费、公交定制等，通过数据决策实现智慧出行，实现节能减排、绿色出行、缩短路上时间的目的。

三、交通行业关键信息基础设施安全风险分析

随着物联网、大数据以及人工智能的发展，交通行业的业务范围不断扩大、网络拓扑结构①更加多样化、数据种类以及体量指数级增长，导致交通行业面临的安全风险越来越严峻。在《全球关键信息基础设施网络安全状况分析报告》中，可以看出金融、交通、能源等三大领域的关键新基础设施已成为网络攻击的重点目标，时常受到 SQL 注入攻击、DDoS 攻击、僵木蠕攻击、② APT 攻

---

① 网络拓扑结构是指：网络上计算机或设备与传输媒介形成的结点与线的物理构成模式，由结点、链路和通路等几部分组成，主要包括总线型拓扑、星型拓扑、环型拓扑、树型拓扑、网状拓扑和混合型拓扑等类型。

② 僵木蠕攻击是指：由僵尸网络、木马、蠕虫等构成的网络攻击行为。

击,造成了巨大的经济损失。

(1) 信息感知层的数据安全风险。在信息感知层,通过通信资源耗尽、不公正分配攻击、拒绝转发或选择性转发攻击、数据的注入型或篡改型攻击等技术手段,致使智慧交通信息感知层感知设备被控制或无法工作,将导致网络瘫痪;在通信传输层,通过对接入配置认证授权的攻击、对路由器认证选择的攻击、对接入交换机与服务器的攻击等技术手段,影响智慧交通系统安全运营;在数据存储层,访问控制和隐私管理模式简单、授权与验证的安全机制薄弱、数据管理与保密手段不足等,将严重威胁数据的存储安全。

(2) 用户应用层的数据安全风险。在用户应用层,通过破坏数据融合的攻击、篡改数据的重编程攻击、错乱定位服务的攻击等手段,影响智慧交通用户体验。此外,因国内智慧交通系统的终端设备较多、结构比较松散、应用系统种类繁杂,运维安全管理缺乏统一参考模式,将进一步增加信息安全风险和隐患。

在管理层面,智慧交通信息安全体系顶层设计的缺失、政策规划和法律法规等规章制度的不完善将导致智慧交通信息安全领域建设缺乏统筹规划和宏观指导,缺乏运营和管理的长效机制以及相配套的体制和法制环境。诸如,目前我国在智能交通领域已经发布了70多项国家及行业标准,涉及数据字典、地理信息、电子收费、交通专用短程通信、交通信息服务、交通管理、公交智能化、物流电子单证和汽车辅助驾驶等。但涉及信息数据安全、应用系统安全、信息安全管理、安全防护等标准规范较少,致使智慧交通信息安全体系建设过程中缺乏强有力的技术和政策支撑。[①]

四、交通行业关键信息基础设施安全治理措施

(一) 数据安全保护建设

智能交通行业的发展必然会带来数据爆发式的增长。随着针对数据攻击的增多以及国际、国内关于数据安全的法律法规的落地实施,如何保证智能交通业务场景中数据的安全,成为行业内亟待解决的问题。通过梳理数据全生命周期的各个节点,可以有效地帮助各个组织识别自己所掌握的数据信息以及所面临的威胁,为数据生命周期各环节设计针对性的防护措施,从而全面提升数据防护能力,为交通行业的持续健康发展奠定基础。

---

① 陈楠枰:"智慧交通的前提是信息安全",载《交通建设与管理》2014年第23期,第32~33页。

（二）信息安全管理建设

交通部门关键基础设施的信息安全体系建设需要以 ISO 27001：2013 标准为框架[①]，同时综合考虑 CSA 云控制矩阵（CCM）的要求。

在建立信息安全管理体系的过程中，需要充分考虑现有标准化管理体系的内容，将信息安全控制点融入现有管理规范和流程中，避免从头新建系统对现有管理造成的影响。此外，在建立信息安全管理体系的同时，组织相应的培训、研讨等，帮助信息安全管理人员了解信息安全发展态势，掌握信息安全管理知识，提升信息安全管理能力。

（三）云安全建设

在智能交通行业实现车与服务机构联动、车与车联动的过程中，云计算环境和云服务能力为联动互通场景的实现提供了平台基础和能力基础。[②] 可以预见的是，基于业务场景、监管要求等因素考虑，未来将会出现由汽车企业、智能出行服务商、政府管理部门等主导的多种形式的云环境。无论何种云环境，[③] 都将因其数据和应用的集中而成为攻击者的高价值攻击目标。云环境的安全将是智能交通行业良好发展的有效保障。

云安全能力的建设方案，需要从管理和技术的视角，从技术、流程和人员的维度对云环境安全进行全方位的保障，从而帮助企业、政府部门建立可信的云安全环境，为智能交通行业的安全、稳定发展奠定基础。

为了建设可信的云计算环境，可以从以下七个方面构建覆盖 IAAS、[④] PAAS[⑤] 和 SAAS[⑥] 层的云安全体系：（1）威胁与脆弱性管理方面要建立云环境恶意软件防护、安全事件监控与关联分析、安全事件响应与调查取证；（2）云

[①] 信息安全管理要求 ISO/IEC27001 的前身为英国的 BS7799 标准，该标准由英国标准协会（BSI）于 1995 年 2 月提出，并于 1995 年 5 月修订而成的。

[②] 云计算（cloud computing）是分布式计算的一种，指的是通过网络"云"将巨大的数据计算处理程序分解成无数个小程序，然后，通过多部服务器组成的系统进行处理和分析这些小程序得到的结果并返回给用户。

[③] 云环境是指能够从动态虚拟化的资源池中向用户或者各种应用系统按需提供计算能力、存储能力或者虚拟机服务等的互联网或者大数据环境。

[④] 基础设施即服务。指把 IT 基础设施作为一种服务通过网络对外提供，并根据用户对资源的实际使用量或占用量进行计费的一种服务模式。

[⑤] PAAS 是 Platform as a Service 的缩写，是指平台即服务。把服务器平台作为一种服务提供的商业模式，通过网络进行程序提供的服务称之为 SAAS（Software as a Service），而云计算时代相应的服务器平台或者开发环境提供的服务就成了 PAAS（Platform as a Service）。

[⑥] SAAS，是 Software as a Service 的缩写名称，意思为软件即服务，即通过网络提供软件服务。

安全架构方面要建立业务需求分析与优先级排序、云安全架构审阅①、安全虚拟化；（3）云安全意识与教育方面要建立云安全意识培训、云安全技能培训；（4）业务连续性与灾难恢复方面要建立供应商业务连续性能力评估、有效的云环境备份与灾难恢复、云环境业务恢复策略；（5）隐私与数据保护方面要建立隐私评估以及基于评估结果的数据传输和访问策略、数据防泄露和数据访问权限管理、数据治理监管与合规策略方面要建立的能力，包括基于 ISO27001、CMM、②HIPPA③等标准的云安全合规、由第三方进行的可信云认证、云安全标准建设；（6）安全管理方面要建立云安全策略、云安全治理、安全外包管理、云环境安全开发生命周期；（7）身份与访问控制方面要建立身份与认证管理、网络服务认证与授权、访问权限审阅、人员角色设计。

（四）移动应用安全建设

目前智能交通领域大量使用移动互联网技术，使移动应用成为智能交通的重要组成部分，无论是在智能汽车还是在交通管理等领域都应用广泛。因此，移动应用数据安全防护的重要性不言而喻。

目前，市场上大多数智能汽车、交通管理终端上的大部分应用连最基础的软件防护和安全保障都不具备。黑客只需要对那些没有进行保护的应用进行逆向分析挖掘，就可以直接看到云平台的接口、参数等信息。即使对应用做了一些保护，但由于安全强度不够，黑客只需具备一定的技术能力，仍然可以轻松地发现应用内的核心内容，包括存放在应用中的密钥、重要控制接口等。

2017年2月，卡巴斯基就曾曝出多款汽车 App 存在安全漏洞。目前，车辆远程控制 App 里的车主个人隐私信息基本都未经加密即简单储存在车主手机中，黑客只需 ROOT 用户手机，④就可以根用户的名义将用户信息发送到后台主机。另外，黑客还可诱导用户下载恶意程序，窃取登录信息，或者通过其他

---

① 云安全架构审阅是指针对云安全相关的体系架构进行审查。

② CMM：其英文全称为 Capability Maturity Model for Software，英文缩写为 SW – CMM，简称CMM。它是对于软件组织在定义、实施、度量、控制和改善其软件过程的实践中各个发展阶段的描述。CMM 的核心是把软件开发视为一个过程，并根据这一原则对软件开发和维护进行过程监控和研究，以使其更加科学化、标准化，使企业能够更好地实现商业目标。

③《1996 年健康保险流通与责任法案》（HIPAA），这项立法的目的使美国工人在跳槽或失业后更容易继续享受健康保险。该法案还力图推动电子健康记录的采用，以便通过加强信息共享来提高美国医疗保健系统的效率和质量。

④ 手机 ROOT 通常是指针对 Android 系统的手机而言，它使得用户可以获取 Android 操作系统的超级用户权限。ROOT 通常用于帮助用户越过手机制造商的限制，使得用户可以卸载手机制造商、运营商、第三方渠道商预装在手机中某些应用，以及运行一些需要超级用户权限的应用程序。Android 系统的 ROOT 与 Apple iOS 系统的越狱类似。

恶意软件进行"覆盖"攻击，在用户启动 App 的同时创立伪造登录界面诱导用户登录，从而窃取信息。此时黑客亦可以进行多重覆盖攻击，理论上可以窃取用户所有的个人信息。智能网联汽车移动 App 主要承载了简单的车辆控制，如开车门、开空调、开车灯、车辆启动等功能。近期通过 App 直接攻击汽车的案例也时有发生，比如软件开发者借助任何一辆汽车前风挡玻璃上的 VIN 码,[①]便可通过手机客户端的身份验证，获取车主身份及车辆充电量等信息，并获得车内空调的操控权。

移动应用的安全防护需要开始于其设计阶段，并实现纵贯开发、发布和运维的全生命周期。在移动应用的设计阶段需要考虑整体软件逻辑架构是否合理，是否存在软件层面的安全缺陷；在开发阶段要注意在安全的软件环境里进行安全的软件开发，并且满足相应的编码安全规范；在发布阶段要能够实现对软件层面的安全检测，发现潜在的安全风险与漏洞；在运维阶段，要实现对移动应用的实时监控，确保安全风险能够第一时间被发现，同时制定并执行相应的安全策略，把移动应用的安全风险降到最低。

（五）ETC 系统的新一代自适应安全防御体系

在高速公路出入口、市区道路电子牌、大型停车场、各大银行营业网点等，ETC 的推广普及在火热进行中。2019 年，国务院总理李克强在政府工作报告中提出"深化收费公路制度改革""两年内基本取消全国高速公路省界收费站"，使我国 ETC 行业迎来了巨大的发展良机。截至 2019 年 8 月，全国 ETC 客户数量累计突破 1 亿，ETC 速通卡日均发行已经突破 58 万张。[②]

但是，科技发展带来便捷的同时，也带来了很多不确定的风险。需要不断强化 ETC 系统安全，推进 ETC 密钥国产化升级，不断改进提升 ETC 系统性能，稳步提升 ETC 车道一次性通过率，确保全国 ETC 联网系统安全、稳定、高效运行。

五、交通行业关键基础设施的数据安全治理案例

（一）网络摄像头在智能交通领域的典型应用及网络安全现状

1. 典型应用

网络摄像头广泛用于交通路况监控系统的流量、违章、事故监控以及智能停车诱导系统的停车场流量统计及基础设施监控，提高了智能交通的运营

[①] 车辆识别号码是一组由 17 个英数组成，用于汽车上的一组独一无二的号码，可以识别汽车的生产商、引擎、底盘序号及其他性能等资料。

[②] 夏金彪：“高速公路快捷收费政策带动 ETC 热”，载《中国经济时报》2019 年 8 月 9 日，第 6 版。

水平。

（1）收费站监控。收费站的重要监管部位主要有收费站出入口、广场、收费亭、车道，以及站内场所都需进行每天连续 24 小时的监控。通过视频的可视化管理，可以有效提升高速公路运营的数字化和智能化水平。

（2）隧道监控。隧道是高速公路安全运营管理的重点防护区，具有狭长、封闭、视野狭窄的特点，有较高的交通安全隐患，极易受到节假日、天气的影响而导致交通流量的增加，甚至发生交通事故。

（3）公路外场监控。包括外场监控、公路沿线监控、车流量监控等。通过摄像机收集沿线前方道路的各类信息，如交通流量、事件、事故、路况等，沿线的车辆可以通过道路运营中心的信息发布系统直观了解交通运行状况。

（4）服务区监控。服务区是高速公路营运的重要组成，也是高速公路路段内提供休息的重要场所。服务区的重要监管部位主要有服务区出入口、服务区停车场以及休息大厅，通过视频的可视化管理，可以有效地提高对进出服务区车辆、人员的管理。

2. 安全现状

网络摄像头处于视频监控系统网络边缘，是最大的风险入口。绿盟科技发布的《国内物联网资产的暴露情况分析》中指出：东南沿海为国内网络监控设备暴露最严重的区域，一旦摄像头被攻击，安全威胁可能会渗透至控制系统、报警系统等，导致更大风险。[①]

（二）显示屏在智能交通领域的典型应用及网络安全现状

1. 典型应用

公交运营者利用智能公交站牌代替以往公交站牌，显示各种信息。交通管理者可以及时通过 LED 可变情报板、可变限速标志等设备发布相关信息，告知交通参与者实时交通状态，以使其配合交通管制等措施的实施，保障交通顺畅。

（1）智能公交站牌。智能公交站的数码显示屏可以显示公交车到站时间、途经线路、下一班公交车距离乘客等候站亭的时间，还可以显示天气预报、广告、北京标准时间等多种服务信息，以及后续的公交车当前位置情况、乘车人数和周边站点等信息，为市民出行带来极大便利。

（2）公路诱导信息发布。在发生公路交通异常时，其运营中心能及时确定事故位置或受阻区域位置，并实时发布相应的诱导和救援信息。将处理后

[①] 张星、张克雷、桑鸿庆等："2019 物联网安全年报"，载《信息安全与通信保密》2020 年第 1 期，第 45~62 页。

的交通信息进行存储生成历史数据,并将交通信息发布到室外 LED 交通诱导屏等发布终端上,达到引导交通参与者交通行为的目的,减少道路拥堵情况的发生。

2. 安全现状

显示屏的作用是为公众提供出行服务信息,一旦被攻击发布不实信息,其所造成的问题会对社会产生负面影响。2009 年,一名匿名黑客改变了得克萨斯州奥斯汀的两个 LED 路标上的公共安全信息,警告"僵尸"袭击。2016年 5 月,不明身份的黑客篡改了美国得克萨斯州交通部(TXDOT)的电子留言板,多个交通标志被篡改。显示屏一般会存在使用默认或出厂设置密码的安全隐患。

(三)闸机在智能交通领域的典型应用及网络安全现状

1. 典型应用

自动售检票系统是国际化大城市轨道交通运行中普遍应用的现代化联网收费系统,随着自动售检票系统的启用,乘客可通过各入口处的自动售票机购买电子票。现在,乘客还能够利用购票时生成的二维码,直接在电子票闸机上扫描进入,享受便捷的出行服务。

随着人工智能技术的快速发展,伴随着以高铁为代表的铁路客运发送量的快速增长,客运站在旅客实名制查验环节正在越来越多地采用自动检票闸机:闸机上安装了摄像头,旅客走近机器时,它会抓取旅客脸部信息,与身份证芯片里的照片进行比对,票证信息相符、人脸与证件照比对通过,闸机自动放行。"刷脸"进站速度很快,一般情况下 3～6 秒便能成功通行,既解放了人力也方便了旅客。目前北京、上海、广州、郑州、太原、武汉、南昌、西安、长沙等地部分火车站已经使用上了"刷脸"进站。

2. 安全现状

闸机在地铁、高铁的自动售检票系统应用中非常普遍,但其设备制造商安全意识和安全能力不足,采取的安全措施有限,越来越多由于设计缺陷而导致的安全漏洞也在不断浮出,使得这些设备极易受到攻击。攻击者可以通过购买设备进行破解,提取设备固件,分析闸机业务及代码存在的漏洞,进行欺骗攻击,实现不购票也能通过。字符串注入攻击利用二维码扫描结果的 SQL 语句漏洞,[①] 黑客生成注入了恶意代码的二维码,达到验票系统执行伪造的 SQL 语句,

---

① SQL 即结构化查询语言(Structured Query Language),是一种特殊目的的编程语言,是一种数据库查询和程序设计语言,用于存取数据以及查询、更新和管理关系数据库系统;同时也是数据库脚本文件的扩展名。

从而验票通过。

闸机上的代码一般口令明文存储、不加密,通过固件提取、逆向分析容易得到后台控制口令,利用后台控制口令直接下发闸机打开指令,即可实现不买票通过。

(四) PDA 在智能交通领域的发展及网络安全现状

1. 典型应用

基于《机动车查验工作规程》要求,[①] 通过 PDA,[②] 改变原有的手工查验模式,提高工作效率,规范查验流程,实现查验数据统一存储管理及统计分析,使查验工作信息化、智能化。例如机动车远程检测,PDA 的功能包括机动车查验、机动车公告信息查询、机动车基本信息查询、机动车照片比对、离线数据补传等。车管所的检测员手持 PDA,对检测车辆外观、车架号、保险带、灭火器一一拍照,能够实现检测数据的实时采集、实时上传。利用 PDA,可实现在办理机动车注册、转移、变更等车管业务时对公告信息的在线比对,还可以将查验项目判定结果进行记录,并对整车外观、车辆识别代号、重要安全设施进行拍照采集,实现了机动车标准照片、查验记录表的上传、打印。

2. 安全现状

机动车查验检验智能终端主要用于机动车查验和机动车外观检测、底盘动态检测、路试检测。公安部已发布了《机动车查验检验智能终端通用技术要求》对智能终端的硬件安全、[③] 操作系统安全,应用软件安全、通信接口、用户数据安全、网络控制七个方面作出了要求。大部分机动车查验检验智能终端采用的是基于 Android 的手机或平板手机,在安全方面还存在诸多缺陷。

一是代码安全未作要求,易被黑客利用。《机动车查验检验智能终端通用技术要求》未对应用代码作出安全要求,容易逆向基于 Android 的 PDA 的 App 代码,发现业务逻辑漏洞,进行攻击。

二是难以防范未知攻击。Android 系统开源性的特点,使其成为黑客的重点攻击对象,针对此系统的攻击越来越多,即使智能终端安装杀毒软件,定期更新病毒库也不可避免地会遭受新型攻击,一旦攻击成功,就有可能导致用户数据的泄露等安全问题。

[①] 《机动车查验工作规程》(GA801—2014)。

[②] PDA 是指具有操作系统、内存、CPU、显卡、屏幕和键盘,具备数据传输处理能力,配置有电池,可以移动使用的数据处理终端。

[③] 《机动车查验检验智能终端通用技术要求》(GA1434—2017)。

第五节　能源部门关键基础设施的数据安全治理

一、能源行业关键信息基础设施安全

（一）能源行业关键信息基础设施安全的重要意义

能源部门是使用信息技术比较早、比较深的一个行业，当前最先进的通信技术、传感技术以及控制技术都已经得到广泛应用。用于监控能源生产、传输、供应及使用过程的专用设备和业务系统，以及由数据和通信网络等所构成的分析系统，都是能源生产和供应的重要组成部分。

根据《网络安全法》中对关键信息基础设施的定义，从能源系统的角度来看，能源部门关键信息基础设施主要涉及能源生产、传输、供应及使用的核心监控系统以及与国民经济、民生相关的信息系统。这些系统一旦损坏或失效，很容易引发大规模安全事故，甚至严重危害国家安全。而且，如果给公众提供服务的管理信息系统遭到攻击或数据被泄露，也将影响用户的个人隐私以及正常生活。[1]

能源行业是我国典型的支柱型产业，是社会经济健康运行和人民生活水平稳定增长的基础支撑。能源领域的管理信息系统和工业生产系统是国家关键信息基础设施的重要组成部分。尤其是随着工业化与信息化的深度融合，以及智能化、物联网、大数据等高新技术的飞速发展，能源行业关键信息基础设施面临越来越复杂，越来越难以控制的安全局面，更有甚者影响着国家安全与社会公共安全。[2]

（二）能源部门的关键信息基础设施的特点

一般来说，能源部门的关键信息基础设施具有以下特点。

首先，能源部门的关键信息基础设施具有不同的形式和结构，包括网络设施、数据资产、关键基础设施的信息部分，例如能源行业的工业控制系统。

其次，能源部门的关键信息基础设施的安全目标集中在系统可用性上，以

---

[1] 胡红升："初论网络时代电力关键信息基础设施保护"，载《信息安全研究》2017年第12期，第1134～1140页。

[2] 卿昱："信息安全：实现国家能源战略绕不开的话题"，载《信息安全与通信保密》2015年第4期，第6～7页。

确保服务不会中断。

再次,能源部门的关键信息基础设施是作为整体系统存在的,而不是多个离散的系统。关于能源部门的关键业务,构成基础设施的不同信息系统和网络设施的安全级别可能不同。某些系统可能没有很高的安全级别,但是它将影响关键业务的整体安全性。还有,能源部门的关键信息基础设施面临的安全威胁主要为复杂威胁和动态威胁。因此,在安全保护中要更多考虑的是具有弹性或可恢复性,适应变化的环境,增加攻击难度并减少供给产生的影响。

最后,需要从合规性和安全性两个方面全面考虑能源部门的关键信息基础设施的安全保护。风险管理在能源部门的关键信息基础设施的整个生命周期中始终存在,以构建生命周期整体的安全保护系统。[1]

二、能源行业关键信息基础设施数据价值

(一) 电力部门关键基础设施的数据价值

在电力行业规划中,参考的关键数据包括用电量、区域负荷、区域人口、国民经济、区域面积等。例如,基于积累的历史电量消耗数据、历史人口变化数据、历史国民经济发展数据、历史第三产业比率和其他情况数据等,可以实现电力消耗预测。[2] 在电力系统建设中,通过大数据技术,可以提高对结构化数据、半结构化数据、非结构化数据的存储以及分析能力,实现对项目建设管理过程的全面、准确以及实时记录。此外,通过对数据的综合处理,采用基线比较、智能建模等分析技术,可以实现对建设过程的智能监控。

在电力系统检修中,基于电力设备与系统的历史检查数据可以实现专项检查、热点检查、保养检查等,通过自动化分析手段,在降低人力成本的同时减少隐患。通过对相同类型设备的维护数据日志进行统计分析,可以确定维护周期以及预测故障发生周期。结合各种设备的出厂参数以及配置数据、实际运行数据等,可以获得设备的功能特征图,并建立设备健康评估模型,对设备健康状况进行全面评估。

在电力设备运行中,基于采集的设备管理信息、设备网络拓扑信息、设备遥测信息、设备当前状态信息等运行状态信息,实现对设备质量以及运行状态

---

[1] 周亚超、刘金芳:"关键信息基础设施范围与特点解析",载《网络空间安全》2018年第10期,第56~60页。

[2] 常诚:"油田电力系统长期负荷预测方法",载《科技与企业》2016年第9期,第222~224页。

的评估。

(二)石油、天然气等部门关键基础设施的数据价值

当前,石油、天然气等能源领域的勘探与开发正在朝着勘探与开发融合的方向发展,实现这一趋势的基础是数据集成。关键信息基础设施的数据价值体现在能源勘探开发中。如四川两地的气田,在勘探开发过程中,基于气藏模拟系统,为开发和勘探提供了可视化数据支撑,显著提高了天然气的采出率。

以往在钻井、测井、录井[①]等工作中,由于各种影响因素,经常发生各类安全问题。当前,基于物联网、大数据以及人工智能技术,建立了钻井、测井、录井相关的知识库系统,通过远程监控手段等有效避免了各种安全问题的发生。

三、能源行业关键信息基础设施安全风险分析

当前,互联网正在快速渗透到能源领域的各大关键信息基础设施中,各级系统和设备的互连以及设施的各个环节不可避免地加剧了关键设备的网络安全风险。一方面,管理网络和生产控制网络之间的双向信息交互,导致工业控制系统的内部网和互联网都成为潜在攻击的发起点。另一方面,互连性也为传统网络安全威胁渗透到关键信息基础结构中创造了条件,包括病毒、木马等。

由于我国信息安全行业仍处于发展期,而能源行业要求的性能、保密性又特别高,因此大部分国产设备无法满足能源行业的安全要求,包括操作系统、核心处理器、高精密芯片等都依赖进口。

能源部门关键信息基础设施事关经济发展、社会稳定、人民生命财产安全乃至国家安全,具有非常大的破坏性和杀伤力。如2010年,"震网"病毒导致伊朗上千台离心机报废;2012年,"火焰"病毒造成伊朗石油部、国家石油公司内网及其关联官方网站无法运行及部分用户数据被泄露;2015年年底的乌克兰电网攻击事件导致乌克兰西部地区140余万家庭停电数小时;2016年1月,以色列电力局遭到重大网络攻击,导致电力系统部分计算机系统瘫痪;2017年5月,全球爆发大规模勒索软件WannaCry攻击事件,超过30万台计算机受到

---

① 钻井是利用机械设备或人力从地面将地层钻成孔眼的工作;录井是发现、评估油气藏最及时、最直接的手段,具有获取地下信息及时多样,分析解释快捷的特点;测井是利用岩层的电化学特性、导电特性、声学特性、放射性等地球物理特性,测量地球物理参数的方法。

攻击，波及包括英国、俄罗斯、中国、美国等在内的 150 个国家，涉及能源、电力、交通、医疗、教育等多个重点行业领域。[①]

四、能源行业关键信息基础设施安全治理措施

（一）参考《美国确保能源行业信息安全的主要举措探析》

美国采取了以下的数据安全治理措施：上升为国家安全战略，能源是国家关键基础设施之一，能源行业的信息安全是国家总体安全战略的重要元素；实施信息安全计划，为落实能源行业信息安全政策或战略，美国政府制定了多个路线图和计划进行推动；加大信息安全投资，为确保能源行业信息安全政策或计划的有效落实，美国政府不断加大投资力度；制定信息安全标准，在加强能源行业信息安全法规建设的同时，美国政府还针对各类能源行业制定了具体的标准指南，用以指导电力、石油、煤炭、天然气等行业的信息安全工作；健全信息安全机构，为了确保能源行业信息安全措施的贯彻执行，美国建立健全了信息安全管理机构。[②]

（二）采取相关适合我国的数据安全治理措施

1. 针对我国网络安全等级开展重点防护

基于新时代的新技术与新需求，进一步健全能源部门的网络安全等级保护的规范与标准，并依法推动能源部门关键信息基础设施等级保护的定级备案、安全测评、问题整改等工作。尤其是通过定级备案，可以尽快掌握能源部门关键信息基础设施的资产种类、资产位置、资产权属以及安全现状等。面对有组织高强度的、针对能源行业关键信息基础设施的 APT 类型攻击，需要充分依靠国家级网络安全监测、预警、溯源等防御力量，形成中央、地方以及企业等有效协作、全面防御、联防联控的机制，保障能源部门关键信息基础设施的安全。

2. 重点加强能源监控系统安全防护

坚持"安全分区、网络专用、横向隔离、纵向认证"原则，高度重视能源监控系统的网络安全隐患，严格落实各项安全要求，充分利用新技术以及新应用在网络安全防护中的成功经验，不断改进、完善新能源监控系统的网络安全

[①] 王超："加强关键信息基础设施网络安全保障刻不容缓"，载《网络空间安全》2018 年第 6 期，第 50~55 页。

[②] 周季礼、宋文颖："美国确保能源行业信息安全的主要举措探析"，载《信息安全与通信保密》2015 年第 4 期，第 53~58 页。

防护策略和体系架构，不断强化网络安全防护措施，持续提高能源监控系统的网络安全防护水平。依法建立健全能源部门重点数据目录和个人隐私信息的保护制度，定期组织开展梳理、评估、保护、检查和审计等工作，加强对能源企业发布用户信息的监督管理，确保用户个人信息收集、传输、利用、存储等环节的安全。①

3. 推进能源行业关键系统产品安全可控

关键领域的核心技术受制于人是我国最大的安全隐患，要保障网络安全、国家安全，就必须突破核心技术这个难关，尤其是在科技能源等重要领域、重点方向实现关键技术重大突破。② 因此，需要充分利用能源部门已经获得成功的、具备知识产权的以及自主可控的系统，包括智能电网调度控制系统、核电站数字仪控系统、③ 发电厂 DCS 系统等，对系统进行国产化升级替代。同时，加快制定能源行业关键信息基础设施中广泛使用的工控系统、运维服务等产品的国产化升级改造方案，确定时间表、路线图、责任人，持续稳步推进，确保能源行业关键系统产品的安全可控。

4. 完善信息安全机制

一是建立网络安全审查机制。美国建立了外国投资委员会（CFIUS），负责对外国投资本国能源等关键基础设施的审查工作；出台了《外国投资与国家安全法》，将能源行业纳入安全审查的范畴，规定对美国能源行业构成安全风险的外国投资，不予批准。二是建立风险管理机制。美国制定了能源行业网络安全风险管理制度，分为风险架构、风险评估、风险应对、风险监控四个阶段，对网络安全各阶段的风险进行精确管控，确保能源行业信息系统安全。三是建立安全漏洞发布机制。2006 年 5 月，美国正式建立包括能源行业在内的工业控制系统漏洞发布机制，要求能源行业及时向美国计算机应急响应小组（US‐CERT）汇报，US‐CERT 及时对漏洞进行处理，向各个行业发布，并录入国家漏洞库（NVD）。四是建立威胁信息共享与分析机制。美国政府根据关键基础设施保护行政令要求，建立了公私合作的威胁信息共享与分析机制，通过信息共享等方式共同防御网络安全威胁。五是建立网络安全审计机制。为评估能源

---

① 胡红升："初论网络时代电力关键信息基础设施保护"，载《信息安全研究》2017 年第 12 期，第 1134～1140 页。

② 陈力丹："习近平在网络安全和信息化工作座谈会上的讲话"，载《新闻前哨》2018 年第 2 期，第 59～60 页。

③ 数字仪控系统是指：以计算机、网络通信为基础的分布式控制系统，通过特定通信网络将分布在工业现场的控制站和控制中心等连接起来，完成对现场生产设备的分散控制和集中管理。

行业等关键基础设施信息安全的整体状况，美国建立了网络安全审计制度，定期组织相关专家，根据网络安全法规和标准，对能源行业的信息安全落实情况进行审计调查，提出改进措施。

五、能源部门关键基础设施的数据安全治理案例

（一）某电力部门数据安全治理案例

为了保证某电网信息系统的数据安全，构建了数据安全防护平台，通过可视、可控、存储安全的方式达到数据的安全防护。

1. 数据可视化

无论是生产环境、测试环境，还是通过堡垒机访问数据库，都可以实时记录数据库的访问情况及风险状况，及时发现数据的异常活动状况和风险，并进行报警；还能针对各种异常活动提供事后追查的机制。

2. 数据可控化

对敏感数据进行脱敏处理，确保运维及开发、测试人员只能看到模糊化后的数据，防止真实数据的外泄及损坏。

3. 数据存储安全

针对存储大量重要数据的数据库，需要有选择地将敏感内容进行加密存储，防止数据库系统在被入侵的情况下丢失数据，进一步增强访问控制，防止内部人员特权的滥用和盗用。

基于数据可视化、数据可控化及数据安全存储的需求，有针对性地对电网信息系统提供数据安全防护的解决方案，弥补现有安全体系的不足。通过敏感数据发现、性能审计、风险评估、粗细粒度审计、敏感内容加密及脱敏相互关联，防护能力逐步提升，实现数据的可视化、存储安全及可控化。从而有效解决该电网在生产域、测试域、堡垒机之间的实施和管理，提高数据库的安全性、机密性、稳定性以及可用性。有效满足了电网数据管理可视、可控及存储安全的需求，给客户带来如下价值：简化业务治理，提高数据安全管理能力。由于数据库系统是一个复杂的"黑盒子"软件系统，其可视化程度很低。数据库管理员很难说清某个时刻数据被访问的情况，这对业务治理带来了很大的困难。尤其在云环境中，这种不可视化程度更加严重。数据安全防护解决方案通过多种手段全面监控数据的访问情况，并提供丰富的预设统计报表，以图形化的方式将数据的访问情况和风险情况可视化，进而提高访问控制能力，极大简化了业务治理，提高了数据安全管理能力，维护了电网的公信力，确保电网不会发生信息的泄露和不良信息的传递，提升电网在社会上的影响力和声誉。

（二）某工控系统数据安全治理案例

某工控系统数据安全防护解决方案的安全目标是保护工业控制网络系统的可用性、防范入侵者对工业控制网络的非法访问以及恶意攻击破坏、保护工业控制网络和企业管理网络之间数据传输的安全。基于此安全目标，在进行工控系统数据安全防护解决方案设计时，遵循了多层次保护原则、需求代价平衡原则、整体性原则、一致性原则以及易操作性原则等，保证了该工控系统数据的安全可靠。

第六节　其他关键基础设施主体

关键基础设施包括能源、电力、供水、交通、农业、信息网络、紧急服务、公共卫生服务等关系国计民生的系统和资产，其分布范围广泛，设计的初衷是为社会提供特定的服务。将基础设施抽象成为一个包含有节点和边的网络图，多个基础设施之间不仅在物理结构上，而且在信息层上相互依赖。随着信息技术的高速发展，关键基础设置越来越依赖于IT信息系统以加快各层信息之间的交互并降低运营成本，同时也使关键基础设施领域面临着严重的安全威胁（如木马、蠕虫、网络攻击等），影响其社会服务的交付，由于关键基础设施之间的相对依赖，特定服务的中断会传播到与其关联的节点产生级联效应，[1] 甚至一个"正常"服务的扰动都会对相互依赖的系统造成重大的影响。[2]

接下来从广电行业、水利行业等简要分析其他类型关键信息基础设施的主体，并讨论相应的数据安全治理方式。

一、广电行业关键基础设施

广电行业对主流舆论、价值取向等的传播力、引导力、影响力以及公信力等都具有重大影响，其关键信息基础设施直接关系到国计民生以及国家安全。广电行业的数据来源广泛，据格兰研究统计，2019年第三季度，我国有线电视

---

[1] 级联效应是指：由一个动作影响系统而导致一系列意外事件发生的效应。
[2] 刘松、朱钱祥、陈开放："关键基础设施信息安全分析及防护"，载《智慧工厂》2016年第3期，第45~49页。

用户总数 2.12 亿、有线数字电视用户 1.93 亿、有线数字电视缴费用户为 1.45 亿、有线双网用户 1.77 亿、广电宽带用户 4163 万、高清用户 10929.6 万、智能终端用户 2429.4 万、视频点播用户 6980.9 万、4K 点播用户 1762.8 万。[①] 如此庞大的用户群体，导致海量的行为数据的产生，包括电视节目收视率、收视黄金时段、收视偏好习惯等，为后续的精准营销提供了数据支撑。

二、水利行业关键基础设施

城市发展离不开水，产业发展离不开水，群众安居乐业也离不开水，而为这些提供有效保障的，是水利行业关键基础设施的建设与完善。水利行业的关键信息基础设施，包括为公众提供水利网络信息服务、支撑水利枢纽运行以及管控、长距离输水管控、城市水源地管控等水利关键业务的重要信息系统以及工程控制系统等。目前，我国水利工程规模和数量都跃居世界前列。全国各类水库从中华人民共和国成立前的 1200 多座增加到近 10 万座，5 级以上江河堤防超过 30 万公里，是中华人民共和国成立之初的 7 倍多。"南北调配、东西互济"的水资源配置格局逐步形成，全国水利工程供水能力达 8600 多亿立方米。我国防洪能力和供水保障能力均已升级至较安全水平，水旱灾害防御能力已达到国际中等水平。

---

① 北京格兰瑞智有限公司、中国广播电视网络有限公司："中国有线电视行业季度发展报告"，载《有线电视技术》2019 年第 5 期，第 11~13 页。

第六章

政府数据开放与政府敏感数据的安全治理

第一节 大数据技术创新政府治理与服务

一、国内外政府数据开放模式现状调研

近年来,随着全球数据开放运动的迅猛发展,政府数据的开放共享也日益引起各国政府的重视。英国、美国作为全球开放数据运动的领导者,在加强开放政府数据与合作共享方面也一直走在世界前列。虽然我国在推动政府数据开放共享的合作方面也作出了一些实践探索,部分地方政府在开放数据、引导社会力量参与等方面已经取得了一些进展,但是从总体来看,与美国开展的全方位、多层次、多形式的合作模式相比,我国政府数据的开放共享程度还有一定的差距。

政府数据开放的通常方式是将数据以共享格式在互联网公开,让用户随时申请利用。我国尚未建成类似英国"data.gov.uk"的一站式入口的国家级政府数据开放平台[1],主要以北京、上海、浙江、山东等为领跑者带动政府数据开放平台的落地。其中,北京市政府数据资源网于2012年成立,根据官网的介绍,当前数据范围涵盖经济建设、信用服务、财税金融、旅游住宿、交通服务、餐饮美食、医疗健康、教育科研、生活服务等16个领域,涉及69个部门、1554类数据集、7943万条数据[2]。同年,上海市也建立了本市的政府数据服务网,当前数据领域已包括卫生健康、经济建设、公共安全、道路交通以及民生

---

[1] 吴旻:"开放数据在英、美政府中的应用及启示",载《图书与情报》2012年第1期,第127~130页。

[2] 参见北京市政务数据资源网. 网址:https://data.beijing.gov.cn. 访问时间:2020-01-20。

服务五大模块,已开放 64 个数据部门、3565 个数据集、34 901 个数据项、9469 万条数据。① 杭州市是国内最早进行电子政务建设的城市之一,近十年时间里,杭州跟随国际互联网的发展节奏,已经积累了许多大数据应用的经验,在杭州市委市政府的努力下,政务数据开放共享取得可喜成绩,跨部门业务协同工作取得良好进展,政务数据共建和共享、数据应用开发品类的丰富度大幅提升。②

二、大数据技术创新政府治理与服务案例

政府数据开放的实现终究需要落实于一系列的数据管理流程。如前文所述,数据的开放体系涉及大大小小 40 余个政府部门,数据质量参差不齐将直接影响政府数据开放的效率和利用程度,科学合理的数据管理机制需要在数据源头采集到数据末端始终贯彻数据开放,在这过程中都需要对政府数据的数量和质量进行严格把关。③ 接下来以杭州数字城市大脑为例,说明大数据技术创新服务于政府的公共治理。

杭州市政府联合阿里云发布了杭州城市数字大脑,畅想对整个城市进行全局实时分析,自动调配公共资源,修正城市运行中的问题,并最终进化成为能够治理城市的超级人工智能。2017 年 7 月系统上线运行实践后,根据实时数据跟踪分析,杭州的"中河—上塘高架"平均延误时间降低 15%,出行时间节省 4.6 分钟。萧山区 5 平方公里的试点范围内,平均通行速度提升超过 15%,平均节省出行时间 3 分钟,120 等特种车辆通行速度提升超过 50%。④

根据高德地图发布的《2017 年度中国主要城市交通分析报告》显示,城市大脑上线后,杭州整体拥堵趋向缓解。

杭州城市大脑还包括外来人口管理、社会矛盾处理、安全生产监督等城市社会管理的诸多领域。

(1) 欠薪一体化管理。杭州市某区共有建筑工地 569 个,外来人口逾 180 万,均居全省第一。欠薪信访案件在该区信访总量中排行第二。通过整合信访数据、舆情信息、工资专户等 10 类与欠薪信访案件高关联度的数据,开发欠薪预警处置模块,可分析计算出可能发生欠薪问题的企业和工地,生成欠薪纠纷预警模型,系统进行自动预警和自动交办。2017 年,已累计产生欠薪预警数据

---

① 参见上海市公共数据开放平台。网址:https://data.sh.gov.cn。
② 杨福颂、包环玉、车海翔:"信息经济发展中推进政府数据率先共享开放的建议——以杭州发展为例",载《杭州研究》2015 年第 1 期,第 20~26 页。
③ 张磊:"我国政府数据开放机制研究",载《情报探索》2015 年第 9 期,第 25~27 页。
④ 杭发改规划〔2018〕183 号:关于印发杭州城市数据大脑规划的通知〔2016-08-14〕。http://www.hangzhou.gov.cn/art/2018/5/15/art_ 1256296_ 18106029.html。

679条，处置完成456条，经处置确认存在欠薪隐患或已发生欠薪事件365条，预警成功率在80%以上。2017年该区欠薪案件案发率同比下降30.25%。

（2）矛调在线管理。整合汇聚杭州市某区矛盾纠纷相关平台的网格排查、人民调解、信访、110接警等数据信息，实现该区矛盾纠纷数据归集，截至目前，已汇聚数据10.9万余件。通过建立各类预警模型及法律智库、智能盲调、在线调解等科技手段做好事前预测预警，事中高效精准处置，事后趋势规律研判，进一步提升该区社会矛盾预防和化解能力水平。

（3）安监管理。接入杭州市某区近6000家生产性企业基础信息、重点企业重点部位的600多路视频监控和气体浓度等传感报警等设备，从工伤事故、违规作业等着手，运用数据分析，实现24小时高效精准监管和分级分层预警处置。2019年1月1日以来，发生超限报警46起，可燃、有毒气体报警764起，危险化学品储量超标报警26起，车辆资质不符报警752起。同时，打通与人社部门的工伤保险、医疗卫生系统的医疗诊断、公安部门的流动人口、住房建设部门的建筑工地、企业安全生产监管平台等数据，形成工伤事故数据分析模型，对建筑工地开展针对性执法检查。该功能运行以来，该区查处非事故类案件322起，同比增长83%，安全生产事故起数、死亡人数同比分别下降33.87%、42.62%。

三、政府数据开放的意义

（一）政府数据的来源

政府数据本质上是政府机构主导或参与开展的所有事务和社会活动时所获得的数据。政府数据采集的经费来自于公共财政，因此不仅政府自己可以用，也应该开放给社会，成为政府在大数据时代提供的一项公共服务。[①]

（二）政府数据开放与大数据的联系

大数据在智慧城市、金融风控、公共安全、智慧交通等领域已经得到广泛应用。但是，我国百分之七八十的数据都掌握在政府手中，如果这部分数据没有对公众开放，没有还之于民，大数据时代就无从谈起。大数据真正要发挥价值，需要汇聚、关联、融合来自政府、企业、社会组织以及公众等各个层面的数据，而政府掌握的数据是其中不可或缺的重要部分。[②] 以政府开放

[①] 郑磊、高丰：“中国开放政府数据平台研究：框架、现状与建议”，载《电子政务》2015年第7期，第8～16页。

[②] 郑磊："开放政府数据研究：概念辨析、关键因素及其互动关系"，载《中国行政管理》2015年第11期，第13～18页。

数据为基础，可以开发各领域丰富多样的大数据应用产品，而这些产品可以实现高价值的数据应用反哺社会，从而形成政府数据产生于民用之于民的价值闭环。

(三) 政府数据开放的价值

通过政府数据的开放，可以激发企业和个人的创新能力，实现数据价值的提升。现在各地都在强调创新，而数据是大部分创新的原动力，如果政府数据不开放，很多创新应用就得不到数据支撑，无法真正落地。要想真正意义上推动大众创业和万众创新，政府开放数据不可或缺。因此，政府不能局限于部门利益的蝇头小利，开放数据能够激发社会经济的活跃性，实现的税收收入将远高于单独出售数据的收入，而且是一个良性的循环。[①]

第二节 政府数据开放的风险问题研究

一、预期风险评估

(一) 政府数据尚未确权

政府数据囊括社会经济生活的方方面面，涉及个人、企业、政府中的不同角色，政府数据的产权归谁、政府数据是否可以盈利、收益如何分配等问题仍无定论。

(二) 政府数据治理权责不清

我国各地大数据管理局在 2018 年才纷纷挂牌成立，若数据产权归属于政府，而政府授权大数据管理局等机构代为管理，那政府部门和数据管理机构之间的权责如何划分、数据质量如何分工保证等问题仍存在争议。[②]

(三) 政府数据资产变现路径不清

政府数据作为国有无形资产，其处置申请是按照原来国有资产处置管理办法，还是向政府数据管理机构申请报批等问题尚无定论。

[①] 张勇进、王璟璇:"主要发达国家大数据政策比较研究"，载《中国行政管理》2014 年第 12 期，第 113～117 页。

[②] 沈亚平、许博雅:"'大数据'时代政府数据开放制度建设路径研究"，载《四川大学学报》(哲学社会科学版) 2014 年第 5 期，第 111～118 页。

（四）政府数据价值不好衡量

虽然目前有多家专业的数据价值评估公司，但尚无统一衡量标准。而且数据是持续产生的，数据量变化较大。即便是同一份数据，对于不同时间、不同交易对象而言，其价值也会大不相同。

（五）数据安全存有风险

虽然不允许交易涉及个人的数据，但受数据交易技术不够成熟、网络黑客猖獗等因素影响，政府数据交易仍存在较大的安全隐患。

二、收益权问题评估

（一）权益分配与保护问题

大数据的开发利用涉及多个利益主体，不解决权益分配和保护问题，就难以实现数据共享。例如，个人数据的利益相关者包括个人、数据收集者、数据处理主体、数据应用者及监督者等五种角色，涉及个人、数据企业、政府、媒体、第三方隐私保护组织等利益主体。数据权利涉及所有权、控制权、交易权、使用权、查询权以及收益分享权等，在已有的一些案例中反映了关于数据权利的争议。[①] 比如，2013年北京市的高考成绩还未公布，网上已有人出售2013年高考考生信息，包括手机号、监护人、学校、年级、年龄等。政府信息资源的所有权属于社会公众，公民有权利获取和使用政府信息，并享受部分收益权。作为管理者，政府在公开信息时应当保护所有权人的利益，比如隐私或国家安全。[②]

（二）效益评价与成本考量

在给定的社会经济发展水平与技术条件下，信息公开与共享的收益成本比大于垄断状态。[③] 政府数据的开放与共享涉及数据的采集、存储、整理、发布、挖掘和分析等整个过程，需要行政机关付出人力和物力等成本。[④] 但是，数据拥有部门和数据使用部门之间的成本分摊、收益分配以及权责归属却是难以清晰界定的问题。例如，由公安部门管理的户籍信息是许多业务部门需要的数据，但是与其他部门或社会公众共享户籍数据不仅会给公安部门带来额外的工作量，

[①] 王忠、殷建立："大数据环境下个人数据隐私治理机制研究——基于利益相关者视角"，载《技术经济与管理研究》2014年第8期，第71~74页。

[②] 王芳、陈锋："国家治理进程中的政府大数据开放利用研究"，载《中国行政管理》2015年第11期，第6~12页。

[③] 王芳："政府信息公开与共享的成本收益分析"，载《南开管理评论》2005年第5期，第76~83页。

[④] 陈美："美国开放政府数据的保障机制研究"，载《情报杂志》2013年第7期，第148~153页。

而且存在个人信息泄露的巨大风险。在政府数据的管理开放过程中,所投入的成本容易量化,但是其经济社会效益与潜在风险却难以量化计算。为此,需要建立政府大数据利用的成本效益评价标准,明确政府数据部门的职能、人员编制及财政预算。①

第三节 政府数据开放的重点措施

一、建立完整的数据公开框架体系和法律法规

要始终坚持以政府为主导,尽快设计并推行政府数据开放相关的顶层政策和施行规范,在相关政策中将政府数据作为一项独立战略资源进行严格有效的管理。无论是国务院从国家层面,还是上海、杭州等城市由具体实践角度而颁布的准则及规范,都在一定程度上保证了现行政府数据公开过程中的管理,但是也不能忽视逐渐暴露的许多问题,诸如数据的免费及付费性问题,用户数据隐私和国家安全等敏感问题,第三方(尤其是企业)利用政府数据应当遵照的责任和义务等。所以尽快建立完善有效的法律法规和国家层面的实施办法迫在眉睫。②

二、要规范成熟的数据开放流程

如前文所述,在杭州市政府数据开放过程中,出现了数据更新频次低、数据质量参差不齐等问题,这就要求政府和市场相关从业者要全力合作,建立科学合理的数据开放和数据管理机制,从数据的源头采集、过程维护更新、末端开放开发的过程中,进行严格把关。要明确政府数据采集维护人员的责任,对其进行有效的培训及定时考核;③ 对数据开发从业者要尽力建立长期合作,最好能够实现各部门数据统一开发,打破壁垒,提高效率;对公众来说,适时的参与和反馈渠道,更有助于数据质量的提高。

---

① 黄如花、王春迎:"我国政府数据开放平台现状调查与分析",载《情报理论与实践》2016年第7期,第50~55页。

② 陈美:"政府数据开放利用:内涵、进展与启示",载《图书馆建设》2017年第9期,第44~50页。

③ 汪庆怡、高洁:"面向用户服务的美国政府开放数据研究及启示——以美国Data.gov网站为例",载《情报杂志》2016年第7期,第145~150页。

三、成熟的用户参与互动机制

政府部门还应当及时收集用户的数据需求,在新增的数据中体现用户的这种需求。保证开放平台提供数据请求功能,用户根据自己实际需求请求在下一阶段开放尚未纳入现有数据资源中的数据。另外一种方法就是开展各类政府数据利用的竞赛,培养民间数据利用的意识和文化。上海市就每年都举办 SODA 开放数据应用创新大赛,激活了社会创新,增强了政府数据开放的认同感。①

四、先进的人才培养机制

政府数据的开放,虽然需要法律法规的保障和机制流程的完善,但说到底还是在于人才。公共管理和大数据技术精通的复合型人才是政府数据开放过程中亟须储备的人才,所以政府要创新人才选拔和招募机制,以开放的态度拥抱数据开放方面的人才,作为全国互联网大数据领域的行业高地,适时适度地招揽数据行业的人才是一个捷径。同时,也要重视对现有人员的培训,提高责任意识和观念,升级数据管理和数据维护方面的技能。最后,也要注重与高校合作进行数据人才建设和该领域的学术研究,为政府数据公开建设源源不断地补充新鲜血液。

五、建立统一的门户平台

通过对国内政府数据开放平台的研究对比,可以发现各地市基本是处于一种各自为政的状况,各数据平台域名见表 6.1,都有巨大的差异,更何况平台内数据的访问方式、数据的返回格式等,都各不相同。② 这对于全国范围的政府数据开放来说,亟须国家层面尽快出台相关的规范和行业准则,或者上海、杭州等地尽快建立规范和行业联盟,制定有共识的联盟准则后,自下而上推动在全国范围实践。只有做到形式统一、内容统一、数据统一、规范准则统一,才能为国家性的数据开放打下坚实的基础,起到事半功倍的效果。③

---

① SODA 上海开放数据创新应用大赛 [EB/OL]. [2017 - 04 - 17]. http://shanghai.sodachallenges.com/.
② 杨瑞仙、毛春蕾、左泽:"我国政府数据开放平台建设现状与发展对策研究",载《情报理论与实践》2016 年第 6 期,第 27~31 页。
③ 杨菲菲:"国外政府数据开放存取对我国的启示",载《燕山大学学报》(哲学社会科学版)2016 年第 1 期,第 41~44 页。

表 6.1　主要城市数据资源平台域名

国内数据资源平台域名	
浙江公共数据平台	http：//data.zjzwfw.gov.cn/
北京市政务数据资源网	http：//www.bjdata.gov.cn/
上海市政府数据服务网	http：//www.datashanghai.gov.cn
山东公共数据开发平台	http：//data.sd.gov.cn/
无锡政务数据网	http：//opendata.wuxi.gov.cn

第四节　政府敏感数据的识别标准和安全治理

一、政府敏感数据的识别标准

（一）政府敏感数据的定义

敏感数据又称作隐私数据。从个人的角度讲，与个人生活、工作密切相关的信息数据，包括姓名、性别、身份证号码、家庭住址、电话号码、个人邮箱、银行账号、账号密码、医疗信息、教育背景等都是隐形数据，如果这些数据被窃取、篡改、泄露或者丢失，就会对个人的生活、工作产生负面的影响，使个人的权益受到侵害。[1]

而政府敏感数据与个人敏感数据类似，只是从个人角度上升到了社会以及国家的层次，政府敏感数据是不对外公开的，对外公开的政府数据是经过脱敏的。与政府相关的敏感数据，包括但不限于政府各部门数据、企业机密信息数据、科学技术信息数据、重大舆情信息数据等，该类数据被窃取、篡改、泄露或者丢失，可能会影响市场经济走向，对人民群众生活安定造成负面影响，严重的话，还有可能对国家的安全和利益造成重大损害。[2]

---

[1]　刘雅辉、张铁赢、靳小龙、程学旗："大数据时代的个人隐私保护"，载《计算机研究与发展》2015年第1期，第229~247页。
[2]　中国行政管理学会课题组、鲍静、贾凌民、张勇进、黄璜："我国政府数据开放顶层设计研究"，载《中国行政管理》2016年第11期，第6~12页。

（二）政府敏感数据的识别分类

只有脱敏后的数据才可以对外开放，政府数据开放的前提是数据敏感度的识别与分类。对各部门不同来源、不同用途的数据进行鉴定，识别其中的敏感数据，并对其敏感级别进行分级分类，从而有针对性地对不同敏感级别的数据实现分类保护。

对敏感数据的识别，最简单的方法是关键词匹配。通过词库建立、敏感特征提取、敏感特征匹配、敏感数据识别质量评价四个步骤，完成对敏感数据的识别与分类，见图6.1。

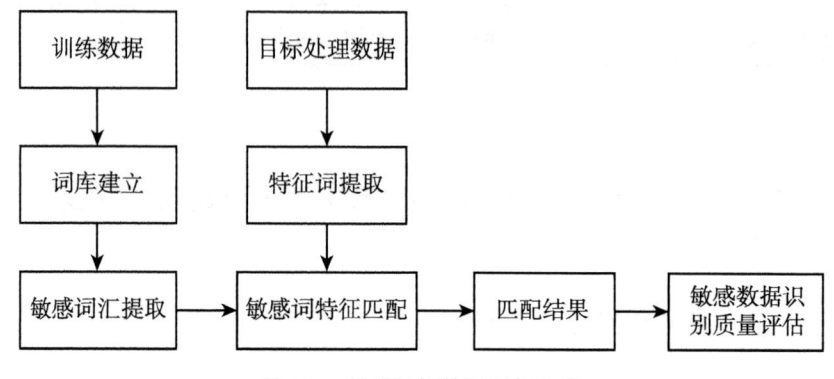

图6.1 敏感数据的识别与分类

（三）政府敏感数据的识别方法

1. 字典构造法

字典构造法这一方法在使用时要准确地找到根节点，确定根节点为该方法开始的第一步。根节点又可以叫作第一级节点，确定第一级节点之后，便可以更容易地确定其他叶子节点，根节点至叶子节点这是一个逐级别递增的过程。关键字字典可以设置多个，每个关键字字典中存在的关键字类型不同。

2. 智能匹配法

这一方法是要先对样本数据进行采集，确定多行数据之后再针对每行数据进行识别。首先是要确定待识别数据的行数，之后依次进行第一列第一行中数据的识别，如果该部分的数据没有包含敏感信息，或者说没有包含数据库中所带有的敏感词汇，那么该部分的内容为非敏感内容，之后用此种方法来进行以下行数的测试，这种识别方法的识别过程是相对独立的，因此准确度较高。[1]

3. 字典学习法

这一方法中，可以预先设置关键字字典中的关键字，也可在后续匹配流程中通过学习的方式自动将与关键字字典中已有的关键字类似的字符添加到关键字字典中。[2]

二、政府敏感数据的安全治理

（一）政府敏感数据集中管理

政府敏感数据集中管理需要根据数据的分级分类，对不同级类的敏感数据配置不同的安全保护策略，包括敏感数据标识、敏感数据内容合规性检查、敏感数据销毁。

（1）敏感数据标识。基于敏感数据泄露追溯的要求，可以通过添加水印或者其他特殊字符的方式对敏感数据设置特定的标识。如果发生敏感数据泄露事件，可以依照设置的数据标识，快速追溯泄露的根源。

（2）敏感数据内容合规性检查。通过对敏感数据内容进行合规性扫描，整理出合理的敏感数据扫描规范，指定好检查敏感数据的依据，然后输出合规性检查报表。

（3）敏感数据销毁。对过了授权期或者被删除的敏感数据，需要确保系统内的磁盘文件、文件目录和数据库记录等资源所在的存储空间在被释放或重新分配前被完全清除。

（二）政府敏感数据保护措施

1. 数据脱敏

对敏感数据依据脱敏规则进行数据变形，可以实现对敏感数据的可靠保护。常用脱敏规则主要有：（1）Hiding（隐匿）。将数据替换成一个常量，常用作不需要该敏感字段时。（2）Hashing（hash 映射）。将数据映射为一个 hash 值（不一定是一一映射），常用作将不定长数据设成定长的 hash 值。（3）Permutation（唯一值映射）。将数据映射为唯一值，允许根据映射值找回原始值，支持正确的聚合或连接操作。（4）Shift（偏移）。将数量值增加一个固定的偏移量，隐藏数值部分特征。（5）Enumeration（排序映射）。将数据映射为新值，同时保

---

[1] 许暖、王欢、岑岚、蔡宇进：“浅谈敏感数据的识别方法”，载《电脑与信息技术》2019 年第 2 期，第 14~15 页。

[2] 郭远胜："敏感数据识别方法研究"，载《信息记录材料》2017 年第 9 期，第 89~91 页。

持数据顺序。(6) Truncation（截断）。将数据尾部阶段截断，只保留前半部分。(7) Prefix - preserving（局部混淆）。保持 IP 前 n 位不变，混淆其余部分。(8) Mask（掩码）。数据长度不变，但只保留部分数据信息。(9) Floor（偏移取整）。数据或是日期取整。

2. 敏感数据监控

敏感数据监控是针对敏感数据在运行、开发、测试、传输、存储和共享等应用环节，根据数据的分级分类以及使用规范对数据进行监控，及时发现违规操作行为。常用的监控方法，包括主机链接规则监控、应用访问操作规则监控、终端使用监控等。[①]

3. 敏感数据防泄露

敏感数据被从安全域发送到不可信域时，需要采取对输出数据的合规审计以及防泄露措施。输出数据的合规性审计是对输出数据的安全状态进行统一审计，包括数据内容安全审计、数据格式合规性审计、数据输出行为合法性审计等。防泄露措施主要是通过内容扫描发现预定的敏感数据，发现异常后，即触发报警信息或阻断操作，及时对敏感数据的泄露进行封堵。

4. 敏感数据的审计与防扩散

敏感数据的审计与防扩散是敏感数据使用后的保护措施。通过审计可以快速发现数据的泄露点。防扩散则是在敏感数据泄露发生时，对其发生的源头进行追踪溯源，以防止其进一步扩散。

[①] 张文科、刘桂芬："云计算数据安全和隐私保护研究"，载《信息安全与通信保密》2012年第11期，第38~40页。

主要参考文献

1. 著作

1）王兆君，王钺，曹朝辉．主数据驱动的数据治理：原理、技术与实践［M］．北京：清华大学出版社，2019．

2）刘驰，胡柏青，谢一．大数据治理与安全：从理论到开源实践［M］．北京：机械工业出版社，2017．

3）［美］桑尼尔·索雷斯．大数据治理［M］．匡斌，译．北京：清华大学出版社，2014．

4）［美］史蒂芬·卢奇，［英］丹尼·科佩克．人工智能（第2版）［M］．林赐，译．北京：人民邮电出版社，2018．

2. 论文

1）周汉华．探索激励相容的个人数据治理之道——中国个人信息保护法的立法方向［J］．法学研究，2018，40（2）．

2）贾开．人工智能与算法治理研究［J］．中国行政管理，2019，(1)．

3）唐钧．人工智能的社会风险应对研究［J］．教学与研究，2019，(4)．

4）张富利．全球风险社会下人工智能的治理之道——复杂性范式与法律应对［J］．社会科学文摘，2019，(9)．

5）鲁传颖，约翰·马勒里．体制复合体理论视角下的人工智能全球治理进程［J］．国际观察，2018，(4)．

6）丁波涛．政府数据治理面临的挑战与对策——以上海为例的研究［J］．情报理论与实践，2019，42（5）．

7）王倩云．人工智能背景下数据安全犯罪的刑法规制思路［J］．法学论坛，2019，34（2）．

8）黄其松，刘强强．大数据与政府治理革命［J］．行政论坛，2019，26(1)．

9）周利敏，钟海欣．"社会5.0"时代的大数据风险治理［J］．北京行政学院学报，2019，(1)．

10）丁红发，孟秋晴，王祥，等．面向数据生命周期的政府数据开放的数据安全与隐私保护对策分析［J］．情报杂志，2019，38（7）．

11）江必新，郑礼华．互联网、大数据、人工智能与科学立法［J］．法学杂志，2018，39（5）．

12）孙南翔．论作为消费者的数据主体及其数据保护机制［J］．政治与法律，2018（7）．

13）柳亦博．人工智能阴影下：政府大数据治理中的伦理困境［J］．行政论坛，2018，25（3）．

14）冯洋．论个人数据保护全球规则的形成路径——以欧盟充分保护原则为中心的探讨［J］．浙江学刊，2018，（4）．

15）吴伟光．大数据技术下个人数据信息私权保护论批判［J］．政治与法律，2016，（7）．

16）沙勇忠，陆莉．公共安全数据管理：新领域与新方向［J］．图书与情报，2019，（4）．

17）夏义堃．试论数据开放环境下的政府数据治理：概念框架与主要问题［J］．图书情报知识，2018，（1）．

18）倪楠．人工智能发展过程中的法律规制问题研究［J］．人文杂志，2018，（4）．

19）孙嘉睿．国内数据治理研究进展：体系、保障与实践［J］．图书馆学研究，2018，（16）．

20）段伟文．数据智能的算法权力及其边界校勘［J］．探索与争鸣，2018，（10）．

21）张海波．大数据的新兴风险与适应性治理［J］．探索与争鸣，2018，（5）．

22）安小米，郭明军，魏玮，等．大数据治理体系：核心概念、动议及其实现路径分析［J］．情报资料工作，2018，（1）．

23）吴汉东．人工智能时代的制度安排与法律规制［J］．法律科学（西北政法大学学报），2017，35（5）．

24）鲍静，张勇进．政府部门数据治理：一个亟须回应的基本问题［J］．中国行政管理，2017，（4）．

25）张宁，袁勤俭．数据治理研究述评［J］．情报杂志，2017，36（5）．

26）刘雅辉，张铁赢，靳小龙，等．大数据时代的个人隐私保护［J］．计算机研究与发展，2015，52（1）．

27）翟志勇．数据主权的兴起及其双重属性［J］．中国法律评论，2018，（6）．

28）戚学祥．区块链技术在政府数据治理中的应用：优势、挑战与对策［J］．北京理工大学学报（社会科学版），2018，20（5）．

29）宋懿，安小米，马广惠．美英澳政府大数据治理能力研究——基于大数据政策的内容分析［J］．情报资料工作，2018，（1）．

30）安小米，郭明军，魏玮，等．大数据治理体系：核心概念、动议及其实现路径分析［J］．情报资料工作，2018，（1）．

31）林奇富，贺竞超．大数据与公共生活：冲击、风险及治理反思［J］．探索与争鸣，2016，（7）．

32）龙卫球．再论企业数据保护的财产权化路径［J］．东方法学，2018，（3）．

33）张新宝．从隐私到个人信息：利益再衡量的理论与制度安排［J］．中国法学，2015，（3）．

34）高富平．个人信息保护：从个人控制到社会控制［J］．法学研究，2018，40（3）．

35）张晓娟，王文强，唐长乐．中美政府数据开放和个人隐私保护的政策法规研究［J］．情报理论与实践，2016，39（1）．

36）王融．关于大数据交易核心法律问题——数据所有权的探讨［J］．大数据，2015，（2）．

37）齐爱民，张哲．识别与再识别：个人信息的概念界定与立法选择［J］．重庆大学学报（社会科学版），2018，24（2）．

38）于志刚，李源粒．大数据时代数据犯罪的类型化与制裁思路［J］．政治与法律，2016，（9）．

39）张平．大数据时代个人信息保护的立法选择［J］．北京大学学报（哲学社会科学版），2017，54（3）．

40）李爱君．数据权利属性与法律特征［J］．东方法学，2018，（3）．

41）丁晓东．什么是数据权利？——从欧洲《一般数据保护条例》看数据隐私的保护［J］．华东政法大学学报，2018，21（4）．

42）何波．数据主权法律实践与对策建议研究［J］．信息安全与通信保密，2017，（5）．

43）王璐，孟小峰．位置大数据隐私保护研究综述［J］．软件学报，2014，25（4）．

44）张晓娟，王文强，唐长乐．中美政府数据开放和个人隐私保护的政策法规研究［J］．情报理论与实践，2016，39（1）．

45）祝烈煌，高峰，沈蒙，等．区块链隐私保护研究综述［J］．计算机研究与发展, 2017, 54 (10).

46) 杨琳, 高洪美, 宋俊典, 等. 大数据环境下的数据治理框架研究及应用 [J]. 计算机应用与软件, 2017, 34 (4).

47) 任勇. 大数据与社会公共安全源头治理 [J]. 中共中央党校（国家行政学院）学报, 2020, 24 (1).

48) 李挺. 以数据为中心的安全治理实践 [J]. 中国信息安全, 2019, (12).

49) 王欣亮, 任癹, 刘飞. 基于精准治理的大数据安全治理体系创新 [J]. 中国行政管理, 2019, (12).

50) 余丽, 张涛. 美国数据有限性开放政策及其对全球网络安全的影响 [J]. 郑州大学学报（哲学社会科学版）, 2019, 52 (5).

51) 石杰琳. 大数据应用与非传统安全威胁治理 [J]. 人民论坛, 2017, (18).

52) 杜跃进. 数据安全治理的几个基本问题 [J]. 大数据, 2018, (6).

53) 刘山泉. 数据经济时代的大数据安全体系 [J]. 信息安全与通信保密, 2018, (8).

3. 外文文献

1) Casanovas P, Koker L D, Mendelson D, et al. Regulation of Big Data: Perspectives on strategy, policy, law and privacy [J]. Health & Technology, 2017, 7 (4): 1–15.

2) Dove E S, Özdemir V. What Role for Law, Human Rights, and Bioethics in an Age of Big Data, Consortia Science, and Consortia Ethics? The Importance of Trustworthiness [J]. Laws, 2015, 4 (3): 515–540.

3) Zulhuda S, Madieha A G A I, Hakiem N. Big Data, Cloud and Bring Your Own Device: How the Data Protection Law Addresses the Impact of "Datafication" [J]. Advanced Science Letters, 2015, 21 (10): 3346–3350.

4) Harcourt B E. Governing, Exchanging, Securing: Big Data and the Production of Digital Knowledge [J]. Social Science Electronic Publishing, 2014.

5) O'Malley M. Doing What Works: Governing in the Age of Big Data [J]. Public Administration Review, 2014, 74 (5): 555–556.

6) Alessandro S. Risk Regulation of Big Data: Has the Time Arrived for a Paradigm Shift in EU Data Protection Law? [J]. European Journal of Risk Regulation, 2014, 5 (2): 248–252.

7）Hoffman S, Podgurski A. Big bad data: law, public health, and biomedical databases［J］. Journal of Law Medicine & Ethics, 2013, 41（s1）: 56 – 60.

8）Malik P. Governing Big Data: Principles and practices［J］. IBM Journal of Research & Development, 2013, 57（3）: 1: 1 – 1: 13.

9）Elish M C, Boyd D. Situating methods in the magic of Big Data and AI［J］. Communication Monographs, 2017（2）: 1 – 24.

10）Bacon L. Benefits and Challenges in the Use of Big Data and AI［C］// 2018 19th IEEE/ACIS International Conference on Software Engineering, Artificial Intelligence, Networking and Parallel/Distributed Computing（SNPD）. 2018: 1 – 1.

11）J. L. Aron and B. Niemann, "Sharing best practices for the implementation of Big Data applications in government and science communities", 2014 IEEE International Conference on Big Data（Big Data）, Washington, DC, 2014, pp. 8 – 10.

12）K. David Strang and Z. Sun, "Meta – analysis of big data security and privacy: Scholarly literature gaps", 2016 IEEE International Conference on Big Data（Big Data）, Washington, DC, 2016, pp. 4035 – 4037.

13）Kostas Kolomvatsos, "A distributed proactive intelligent scheme for securing quality in large scale data processing", Computing, vol. 101, pp. 1687, 2019.

14）Stefan Stieglitz, Milad Mirbabaie, Björn Ross, Christoph Neuberger, "Social media analytics-Challenges in topic discovery data collection and data preparation", International Journal of Information Management, vol. 39, p. 156, 2018.

15）Anne Immonen, Eila Ovaska, Tuomas Paaso, "Towards certified open data in digital service ecosystems", Software Quality Journal, vol. 26, p. 1257, 2018.

16）Abou Zakaria Faroukhi, Imane El Alaoui, Youssef Gahi, Aouatif Amine. Big data monetization throughout Big Data Value Chain: a comprehensive review［J］. Journal of Big Data, vol. 7, 2020.

致 谢

本著作为杨蕾主持的山东省社会科学规划研究项目·数字山东研究专项《网络强国视阈下新时代数据安全治理研究》的阶段性成果。特别感谢山东航天人工智能安全芯片研究院提供的数据安全等技术资料及专家论证方面的支持；特别感谢胜利石油管理局有限公司电力分公司提供的电力行业基础设施等技术资料及调研的支持；特别感谢和智信大数据公司在本书编纂过程中，提供的大数据、人工智能等数据、案例以及技术方案的支撑；特别感谢山东电子商会提供的电子商务管理等数据材料。